Hans Peter Royer

Wofür mein Herz schlägt

SCM
Hänssler

SCM

Stiftung Christliche Medien

SCM Hänssler ist ein Imprint der SCM Verlagsgruppe, die zur Stiftung Christliche Medien gehört, einer gemeinnützigen Stiftung, die sich für die Förderung und Verbreitung christlicher Bücher, Zeitschriften, Filme und Musik einsetzt.

Hans Peter Royer (geb. 24. April 1962 in Ramsau am Dachstein) war staatl. geprüfter Berg-, Ski- und Höhlenführer. Er leitete den »Tauernhof«, das »Fackelträger«-Zentrum in Schladming, als Direktor und war stellvertretender Direktor der internationalen Fackelträger-Bewegung. Als Evangelist, Referent und Buchautor fand er im gesamten deutschsprachigen Raum und international großen Anklang. Mit seiner Frau Hannelore und seinen drei Kindern lebte er in Ramsau. Am 17. August 2013 starb er bei einem Bergunfall im Dachsteingebirge.
Informationen, Downloads und weiterführende Predigt-Links unter:
www.HansPeterRoyer.com – www.HansPeterRoyer.at

MIX
Papier aus verantwortungsvollen Quellen
FSC www.fsc.org
FSC® C014496

5. Auflage 2019

Max-Eyth-Str. 41 · 71088 Holzgerlingen
Internet: www.scm-haenssler.de; E-Mail: info@scm-haenssler.de

Umschlaggestaltung: Kathrin Spiegelberg, Weil im Schönbuch
Titelbild: Lothar Scherer, Schladming, www.dachsteinpano.at
Satz: typoscript GmbH, Walddorfhäslach
Druck und Bindung: GGP Media GmbH, Pößneck
Gedruckt in Deutschland
ISBN 978-3-7751-5897-8 | Bestell-Nr. 395.897

Inhalt

Anstelle einer Widmung

»Christus ist mein Leben,
und Sterben ist mein Gewinn«
(Philipper 1,21; LUT).

Das heißt, wenn du morgen stirbst,
könnte man dir eigentlich gratulieren,
denn in Wahrheit hast du gewonnen.
Wir wissen um diese Wahrheit,
aber wir glauben sie nicht so richtig.

Für die Hinterbliebenen ist es schlimm;
und für die Menschen, die dich lieben,
ist es sehr schmerzhaft.
Ganz gewiss!

Aber für dich persönlich gilt:
Du hast gewonnen!
Du bist bereits auf der besseren Seite,
wo wir alle einmal hinkommen.

Das heißt, wir können
selbst im körperlichen Sterben
Gott die Ehre geben,
weil wir eine Gewissheit haben.

Hans Peter Royer († 17. August 2013) in einer Predigt zum Sinn des Lebens unter dem Titel »Gott die Ehre geben« kurz vor seinem tragischen Unfall.

Vorwort

Das Buch, das Sie in der Hand halten, hat eine lange Geschichte. Bereits im Jahr 2012 wurde die Idee dafür noch von meinem Mann Hans Peter gelegt. Er dachte darüber nach, im Herbst 2015 eine dreimonatige Auszeit zu nehmen. Für diese Monate planten wir verschiedene Aktivitäten, und er wollte – wie schon erwähnt – noch ein Buch schreiben. Ein Buch, das in besonderer Weise von Gottes Liebe zu uns handeln sollte, von unserer Liebe zu Gott und von den Folgen, die beides konkret für die Nächstenliebe und die Selbstannahme haben kann. Es bewegte ihn auch sehr, über Herzenssachen und die echte und wahre Herzenshaltung zu schreiben – dies war es, wofür »sein Herz schlug«. Hans Peter verunglückte jedoch tödlich im August 2013, und somit erlosch auch das Projekt »Buch«.

Ein halbes Jahr nach seinem Sterben nahm ich mir vor, alle unsere gemeinsam geplanten Aktivitäten durchzuführen – was ich auch tat. Aber ein Buch zu schreiben konnte ich mir nicht vorstellen. Nun sind seitdem bereits fünf Jahre vergangen, und Sie halten ein Buch in der Hand. Ein Buch, das ich ohne Hilfe von Hans-Joachim und Angelika Eckstein nicht zustande gebracht hätte. Dafür möchte ich den beiden von ganzem Herzen danken. Ich bin ihnen sehr dankbar für jedes Telefonat, für stundenlanges Zusammensitzen am Küchentisch und für ihre ständigen Ermutigungen. An dieser Stelle möchte ich auch Sabine Ehrle danken, dass sie – wie bereits bei allen Büchern von Hans Peter – auch hier Korrekturen, Verbesserungs- und Änderungsvorschläge gemacht hat!

In diesem Buch ist viel Vertrautes zu lesen, Geschichten und Formulierungen von Hans Peter sind wiederzuerkennen. Denn unser gemeinsames Ziel war es, verschiedene Predigten, Texte und Zitate, die Hans Peter mir hinterlassen hat, zu einem Buch zusammenzufassen.

Ein Buch, das Herzen berührt und Herzen verändert. Denn in Aufnahme von Hans Peters eigenem Veröffentlichungsplan und ständigem Antrieb bei all seinen Vorträgen und Predigten soll es nicht um dieses oder jenes gehen, sondern um das, was ihm für sich und für andere stets wesentlich war – wofür sein Herz schlug!

Viele haben Hans Peter persönlich gekannt, ihn als Freund und Wegbegleiter geschätzt, sind ihm bei Veranstaltungen als Referent begegnet oder haben ihn in der Freizeitarbeit am Tauernhof in Schladming erlebt. Viele nehmen jedoch vielleicht das Buch zur Hand, ohne Hans Peter Royer je persönlich getroffen zu haben und wollen Näheres von dem Mann erfahren, der auf so tragische Weise und so plötzlich aus dem Leben und aus dem Kreis seiner Lieben gerissen wurde. Als ergänzenden Rahmen habe ich dem Buch daher noch Texte über sein Leben und Wirken hinzugefügt: Worte zum Abschied von Hans Peter, die Peter Wiegand bei der Beerdigung formulierte, und einen Bericht über die Ereignisse am Unglückstag und in der Zeit danach. So ist es möglich, sich zunächst über die Hintergründe seines Lebens zu informieren oder mit den Kerntexten sogleich zu Hans Peters eigenen Ausführungen über seine persönlichen Herzensanliegen zu kommen.

Aufgrund der besonderen Umstände dieses Buches konnte ich auch dem Vorschlag zustimmen, in diesem Fall dem Buch einige Fotos von Hans Peter beizugeben. Dabei ging es ihm selbst bei all seinem Wirken und Schreiben immer darum, nicht sich selbst, sondern Gott die Ehre zu geben. Das ist in jedem seiner Texte spürbar. Aber wir, die wir von ihm Abschied nehmen mussten, sind Gott sehr dankbar für die gemeinsame Zeit mit diesem für uns besonderen Menschen – dem Ehemann und Vater, Freund und Begleiter, Verkündiger und Lehrer. Um seiner Lebensbotschaft willen wollen wir uns dankbar an ihn erinnern.

Kurz vor seinem Unfall schrieb Hans Peter noch: »Das Endziel all unserer Verkündigung und unseres Lebens muss immer Liebe hervorbringen … Im Angesicht dieser Liebe Gottes, die er uns in

Jesus Christus offenbart hat, stelle ich mir selbst immer wieder zwei Fragen: Wecken und bewirken mein Dienst, mein Reden und mein Handeln Liebe in anderen Menschen? Und: Wie könnten wir einen solchen Gott nicht lieben?«

Mein inniges Gebet ist, dass jeder, der dieses Buch in die Hand bekommt, ein Stück weit Jesus Christus und seine Liebe besser kennenlernt, sein Herz für Christus aufmacht und IHN allein in seinem Leben regieren lässt.

Hannelore Royer, Ramsau am Dachstein 2018

Leben und Wirken von Hans Peter Royer

Von seiner Ehefrau Hannelore Royer

Ein Jahr vor seinem Sterben schrieb Hans Peter die folgenden Sätze: »Dieses Jahr ist ein Jubiläumsjahr für Hannelore und mich, wir feiern unsere Silberne Hochzeit. Viel zu schnell vergingen die Jahre, so vieles ist geschehen. Es bleibt kaum Zeit zu reflektieren und zurückzublicken. Die Ereignisse scheinen nie abzubrechen, manchmal scheint es zu schnell und zu turbulent. Aber – es ist unser Leben, und ich glaube, wir könnten gar nicht anders. Wir sagen es oft, wie überreich wir uns beschenkt fühlen – von Gott und von Menschen. Unser Herz ist erfüllt von Dankbarkeit, wenn wir an unsere drei Kinder denken, unser Zuhause, unsere Gesundheit und vor allem für Freundschaften und die vielen konstruktiven Beziehungen zu lieben Menschen.«

Hans Peter fuhr mit der Frage fort: »Was habe ich gelernt die letzten Jahre? Dass ich ohne meine Frau Hannelore nur die Hälfte bin, ohne meine einzigartigen Mitarbeiter nur ein Bruchteil und ohne den Herrn Jesus gar nichts! Dass ich nicht mehr um Anerkennung kämpfen muss, weil ich weiß, dass ich von Gott absolut angenommen und geliebt bin. Ich entdecke Schwierigkeiten zunehmend als Gelegenheiten und habe ein wenig gelernt, meine Sorgen durch Gebet zu ersetzen. Ich erkenne mich zunehmend als Lernender und nicht als Wissender, was sehr befreiend ist.«

»Wir möchten uns bedanken für alle Liebe und Korrektur, für alles Unterstützen und Verständnis, die wir von so vielen von euch über die Jahre erfahren haben. Wir möchten uns auch entschuldigen, wo wir gewissen Erwartungen nicht entsprechen konnten. So trauen wir uns voller Erwartung weiterzugehen im Wissen, dass

Christus in uns lebt, und weil ihr auf dem Weg zur ewigen Heimat neben uns geht. Der gute Gott segne euch! Euer Hans Peter.«

Mein Mann Hans Peter wurde am 24. April 1962 in Schladming in der Steiermark geboren, wo er zur Schule ging und später eine Lehre als Kfz-Mechaniker machte. Bereits in seiner Kindheit zog es Hans Peter in die Berge, und als junger Teenager arbeitete er während der Sommerferien als Kuh- und Schafhirte auf einer Alm. Es gab dort nur ihn und eine ältere Frau – die Sennerin Pauline. Somit verbrachte er bereits als junger Bub oftmals viele Stunden alleine in den Bergen. Er gewann dort seine Liebe zu den Bergen und machte bereits als 11-Jähriger seine ersten Klettertouren.

Nach dem Abschluss seiner Lehre als Kfz-Mechaniker erfüllte er die in Österreich üblichen acht Monate Wehrdienst. Die Liebe zu den Bergen ließ ihn jedoch nie los, und so entschloss er sich, eine neun Jahre dauernde Laufbahn als Skilehrer und Bergführer zu beginnen. Als Skilehrer arbeitete er später hauptsächlich in seiner Heimat Österreich, aber auch in den USA und in Australien.

Im Juli 1987durfte ich seine Ehefrau werden, und in den darauffolgenden Jahren bereicherten unsere drei Kinder Lucas, Lisa und Eva-Maria unser Leben als Ehepaar. 1986 gründete Hans Peter mit seinem Freund, Hans Prugger, einem Bergführerkollegen, den »Abenteuerclub Dachstein« in Ramsau/Österreich, wo sie im Sommer Berg- und Abenteuerprogramme durchführten. Er hatte sich schon immer gewünscht, einmal einen »christlichen Abenteuerclub« zu leiten.

Im Jahr 1988 verunglückte der Gründer und Direktor des Tauernhofs in Schladming, Gernot Kunzelmann, der das Freizeithaus der Fackelträger 1964 gegründet hatte. Da die Freizeitarbeit und der Verkündigungsdienst am Tauernhof sehr stark mit sportlichen Betätigungen verbunden waren, bat man Hans Peter damals, die sportlichen Bereiche zu koordinieren und durchzuführen. Um uns auf diesen Dienst vorzubereiten, gingen wir 1989 zusammen nach

England in das Fackelträgerzentrum Capernwray Hall und besuchten dort gemeinsam die Kurzbibelschule. Anschließend begann Hans Peter im Dezember 1989 seine Arbeit am Tauernhof, wo er im Mai 1991 gebeten wurde, die Leitung und Direktion des Freizeithauses zu übernehmen.

Hans Peter hatte also nie Theologie studiert und war nie an einer Fakultät eingeschrieben – er war sozusagen kein »Studierter«. Natürlich suchte er immer das intensive Gespräch mit Theologen, war stets interessiert an allen Möglichkeiten, neue geistliche Anregungen zu gewinnen und theologische Fragen mit für ihn interessanten Gesprächspartnern bis zur Klärung durchzudiskutieren. In seinem unmittelbaren Studium der Schrift und in seiner eingehenden Vorbereitung seiner Predigt- und Lehrtätigkeit gewann er umso tiefere persönliche Erkenntnisse – seine theologische Ausbildung fand also in seinem Studierzimmer zu Hause und im Tauernhof statt, was er nie als Nachteil empfand: »So bleibt mir der Einfluss von all den verschiedenen Lehren und Richtungen erspart«, sagte er oft.

Aber wie begann dieser Weg bei ihm? Als er 14 Jahre alt war, verstand er durch die von Gottlieb Royer geleitete Jugendarbeit in Ramsau am Dachstein zum ersten Mal, was es heißt, ein Christ zu werden und Christ zu sein. Schon damals fing er an, seine Bibel regelmäßig zu lesen, Kindergottesdienst zu halten und Jugendstunden zu leiten. Am Anfang seiner Skilehrerzeit waren ihm allerdings viele andere Dinge wichtiger geworden als sein Herr Jesus Christus. In seiner Verkündigung veranschaulichte er Gottes Liebe und Gnade immer wieder mit dem Hinweis auf diese Jahre, in denen er selbst eigene Wege gehen wollte. Aber Gott war treu und zeigte Hans Peter, dass es sich lohnt und ausschließlich lohnt, ganz mit ihm durchs Leben zu gehen.

Die Arbeit am Tauernhof hielt ihn auf Trab. Er hatte in seinem ganzen Leben noch nie so viel gearbeitet und intensiv gelernt und studiert wie dort. Neben seiner Arbeit am Tauernhof selbst übernahm Hans Peter auch sehr viele Reisedienste und predigte und unterrichtete in verschiedenen Ländern. In Deutschland war er ein ganz besonders gefragter und gern gehörter Verkündiger und Evangelist auf vielfältigen Großveranstaltungen und Konferenzen.

Hans Peter war aber auch ein Mann der Praxis – so hatte sein Vater ihn erzogen. Wenn er etwas machte, musste es auch funktionieren. Wenn er beispielsweise ein Auto reparierte, musste es später auch anspringen und einwandfrei fahren. Dasselbe galt auch für sein Glaubensleben. Schöne Worte oder große Dinge als solche imponierten ihm nicht – es musste funktionieren. Als er anfing, die Bibel zu lesen, erkannte er, dass alles, was Jesus gesagt hat, tatsächlich stimmt und »funktioniert«.

Jesus hat im Johannesevangelium einmal gesagt: »Wahrlich, wahrlich ich sage euch: Wer an mich glaubt, der wird die Werke auch tun, die ich tue, und er wird noch größere als diese tun; denn ich gehe zum Vater« (Johannes 14,12; LUT). Ungefähr 10 Jahre lang hatte genau das im Leben von Hans Peter nicht »funktioniert« – nicht etwa, weil Gott in seinem Wort gelogen hätte, sondern weil Hans Peter sein Wort nicht ernst genommen hatte. Er las zwar regelmäßig in der Bibel, aber was darin geschrieben stand, hatte in seinem Leben keine Auswirkung. Durch gläubige Freunde und die Gnade Gottes lernte er jedoch mit der Zeit, Gott beim Wort zu nehmen und seiner Zusage zu vertrauen.

Das Wunderbare war: Als er anfing, seinen Herrn Jesus Christus und dessen Wort ernst zu nehmen, »funktionierte« es auch. Es geschahen Dinge, die ursächlich nichts mit ihm zu tun hatten und die menschlich nicht erklärbar waren. So verkündigte er vor Tausenden Menschen das Evangelium, obwohl er kein ausgebildeter Pfarrer oder studierter Theologe war. Er schrieb Bücher, die noch heute vielen Menschen Anregung und Hilfe zum Glauben sind.

Angesichts all der wunderbaren Erfahrungen, die er machen durfte, sagte Hans Peter immer wieder: »Am spannendsten ist und bleibt jedoch das Leben mit dem auferstandenen Christus!« Rückblickend auf sein Leben kann ich nur sagen, dass es allein Gottes Gnade war, die ihn getragen hat. Er hätte sich weder gewünscht noch erträumt, einmal dahin zu kommen und da zu sein, wo er dann sein und wirken durfte. Er stellte sich dankbar dem Herrn Jesus zur Verfügung und empfand es als seine Pflicht und sein Vorrecht, die Wahrheit zu leben und zu predigen, um dann einen Schritt zurückzutreten und Gott zuzusehen, wie ER wirkte.

Das Wesen Gottes

Wofür Gottes Herz schlägt

»Die höchste Wissenschaft, die wildesten Spekulationen, die mächtigste Philosophie, mit der man sich als Geschöpf Gottes beschäftigen kann, ist der Name, die Natur, die Person und die Existenz unseres großen Gottes … Es ist überaus vorteilhaft für unser Denken, sich mit dem göttlichen Wesen zu befassen. Andere Bereiche können wir erfassen, um Erkenntnis ringen und weggehen mit dem Gefühl einer gewissen Kompetenz und in dem Glauben: ›Siehe, ich bin weise.‹ Aber wenn wir zu dieser höchsten Wissenschaft kommen, entdecken wir, dass unsere Adleraugen weder die Tiefen noch die Höhen ergründen können und wir weggehen mit dem Gedanken: ›Ich bin von gestern und verstehe nichts.‹«

Charles Haddon Spurgeon

Über das Wesen Gottes nachzudenken ist – wie C.H. Spurgeon es treffend formuliert – die »höchste aller Wissenschaften«. Wir Menschen werden Gott und seine Wege nie ganz ergründen können. Jedoch, obwohl Gott in seinem Wort sagt, dass wir ihn nie erforschen können (Jesaja 55,8-9), ermutigt er uns, Tag und Nacht über ihn nachzudenken (5. Mose 6,5-9). *»Tag und Nacht sollst du über mein Wort nachsinnen …«*, sagt Gott zu Josua (Josua 1,8; ELB). Ist das nicht übertrieben? Ist es wirklich so wichtig? Die Antwort ist ein klares »Ja«! Warum? Weil unser Bild von Gott darüber bestimmt, wie wir den Rest unseres Universums betrachten und interpretieren. Mit anderen Worten: Unser Bild von Gott bestimmt, wie wir im Alltag leben.

Wenn ich Gott in erster Linie als einen zornigen und fordernden Gott sehe, dann ist die Wahrscheinlichkeit groß, dass ich mich einer Philosophie zuwende, die einen solchen Gott »wegerklärt« – z. B. dem Atheismus. Wenn mein Bild von Gott jedoch das eines gleichgültigen oder schwachen alten Mannes mit weißem Bart im Himmel ist – wo es so verstaubt und muffig riecht wie in manch alten Kirchengebäuden –, dann werde ich ihn kaum ernst nehmen und werde ihn vermutlich ignorieren. Wenn mir Gott als ein strenger, überfordernder und strafender Gott vorgestellt wurde, dann werde ich alles Leid meines Lebens und alle Not der Welt auf sein »Strafen«, seine Ablehnung oder seine Unberechenbarkeit beziehen.

Wie ist Gott nun? Auf unserer Suche nach Antworten ist es von größter Wichtigkeit, dass wir unser Gottesbild nicht von unserem persönlichen Wunschdenken oder momentanen Erleben abhängig machen. Es ist bedeutend, dass wir unsere Gottesvorstellung nicht von zufälligen Vorgaben anderer Menschen oder von menschlich erdachten Philosophien her ableiten, sondern von Jesus Christus, dem Sohn Gottes. Er ist nämlich der *Einzige*, der vom Himmel auf die Erde kam und uns vorlebte und auslegte, wie Gott der Vater wirklich ist: »*Und das Wort ward Fleisch und wohnte unter uns, und wir sahen seine Herrlichkeit, eine Herrlichkeit als des eingeborenen Sohnes vom Vater, voller Gnade und Wahrheit. Niemand hat Gott je gesehen; der Eingeborene, der Gott ist und in des Vaters Schoß ist, der hat ihn uns verkündigt*« (Johannes 1,14.18; LUT). Darum konnte er sagen: »*Wer mich sieht, der sieht den Vater*« (Johannes 12,45; 14,8-9; LUT).

Wir finden nichts am Wesen Gottes, das nicht wie sein einzigartiger Sohn, Jesus Christus, wäre.

Wir finden nichts an Jesus Christus, wie ihn das Evangelium bezeugt, was nicht dem Wesen Gottes entsprechen würde. Und wir finden nichts am Wesen Gottes, das nicht wie sein einzigartiger Sohn, Jesus Christus, wäre. Auf die Frage: »Wie ist Gott?«, gibt es vom Evangelium her nur eine klare Antwort: »So wie Jesus Christus!« Nun, wie ist Jesus? Und wie hat Jesus seinen Vater offenbart?

Jesus offenbart seinen Vater als den Gott, der in seiner Liebe alles gibt, um das Verlorene wiederzugewinnen. »Denn so sehr hat Gott die Welt geliebt, dass er seinen eingeborenen Sohn gab, damit jeder, der an ihn glaubt, nicht verloren geht, sondern ewiges Leben hat« (Johannes 3,16; SCL). Gott war nie gegen uns, er war immer für uns. Aber wir waren und sind gegen Gott.

Gott war nie *gegen* uns, *er* war immer *für* uns. Aber *wir* waren und sind *gegen* Gott.

Wir ignorieren und verachten ihn. Wir sind blind ihm gegenüber und laufen von ihm weg. Und anscheinend kommen wir damit ganz gut zurecht. Warum tun wir das? Weil wir wenig Liebe haben. Und warum kann Gott nicht damit leben? Warum wendet er sich nicht einfach ab und gibt die ihm feindlich begegnenden Menschen nicht einfach auf? Weil er die Liebe in Person ist! Wenn man über Gott nachdenkt, muss man immer mit Liebe beginnen. Keine sentimentale Liebe, kein kindisches oder »blindes« Verliebtsein, sondern eine sehende und hingebungsvolle, eine rettende und bewahrende Liebe. Gottes Wesen ist so sehr von Liebe bestimmt, dass der Apostel Johannes schreiben konnte: *»Gott ist Liebe, und wer in der Liebe bleibt, bleibt in Gott und Gott bleibt in ihm«* (1. Johannes 4,16; ELB; vgl. V. 8).

Das war mir in diesem Maße über viele Jahre nicht bewusst! In der Bibel habe ich nämlich auch gelesen, dass Gott »zornig« ist, dass er »richtet« und sogar vernichtet. Ich will mein altes Gottesbild mit folgender Begriffsfolge beschreiben: »Gott ist ... liebend – richtend, vergebend – zornig, barmherzig – eifersüchtig«. Für mich hatte Gott mehrere, teilweise auch widersprüchlich erscheinende Grundeigenschaften. Daher wusste ich auch nie genau, mit welchem Gott ich es gerade konkret zu tun hatte. Ist Gott heute barmherzig oder zornig? Hängt sein Gemütszustand nur von meinem Benehmen ab? Folge ich ihm, weil ich ihn liebe, oder unterwerfe ich mich ihm, weil ich Angst vor ihm haben muss? Dieses duale und gespaltene Gottesbild, bei dem Gott zwei – oder mehrere – Gesichter hat, hat mich oft verunsichert auf meinem Weg mit ihm.

Beim Studium des 1. Johannesbriefs sind mir gleich mehrere Lichter aufgegangen. Da wird nicht nur festgestellt, dass *Gott Liebe ist*, sondern Johannes beschreibt auch, *wie* diese Liebe für uns Menschen *sichtbar* geworden ist. Wir lesen: *»Gott ist Liebe. Hierin ist die Liebe Gottes zu uns geoffenbart worden, dass Gott seinen eingeborenen Sohn in die Welt sandte, damit wir durch ihn leben möchten«* (1. Johannes 4,8 f.; ELB). Wollen wir die Liebe Gottes auf einen einzigen Punkt konzentrieren, dann müssen wir auf das Kreuz sehen. Dort hat Gott ein für alle Mal sein innerstes Wesen offenbart. Das Evangelium von Jesus Christus und das Neue Testament sagen nie: »Gott ist Zorn« oder »Gott ist Gericht«. Ja, der Gott der Liebe ist zornig und er wird richten. Aber selbst sein Zorn und Gericht entspringen aus seiner Liebe, weil die Liebe sein Wesen ist. Darum habe ich die oben skizzierte Darstellung des Wesens Gottes abgeändert in: »*Gott ist Liebe!* Und *als solcher* ist er liebend – richtend, vergebend – zornig, barmherzig – eifersüchtig«.

Wollen wir die Liebe Gottes auf einen einzigen Punkt konzentrieren, dann müssen wir auf das Kreuz sehen.

Wahre Liebe beinhaltet »Zorn«, denn Zorn ist hier der leidenschaftliche Widerspruch gegenüber dem, was die Geliebten gefährdet und zu zerstören sucht. Das »Nein!« zu dem, was schadet, gründet in dem grundlegenden »Ja!« zu den geliebten Personen. Liebe erträgt keine Ungerechtigkeit, sie ist barmherzig und vergebend, sie ist geduldig. Liebe ist leidenschaftlich und voll Eifer, aber keineswegs im uns geläufigen, egoistischen Sinne »eifersüchtig«. Liebe ist das höchste Gebot und die Liebe wird für ewig bleiben (Matthäus 22,36-40, 1. Korinther 13,1-13). Darum schrieb Paulus an Timotheus: *»Das Endziel und die Hauptsumme der Weisung aber ist Liebe …«* (1. Timotheus 1,5; ELB/LUT). Das Endziel all unserer

Verkündigung und unseres Lebens muss immer Liebe hervorbringen. Allein die Liebe soll als die Hauptsumme all unseres Ermahnens und Ermunterns gelten. Wo das nicht der Fall ist, kommt es nicht von Gott. Im Angesicht dieser Liebe Gottes, die er uns in Jesus Christus offenbart hat, stelle ich mir selbst immer wieder zwei Fragen: Wecken und bewirken mein Dienst, mein Reden und mein Handeln Liebe in anderen Menschen? Und: Wie könnten wir einen solchen Gott nicht lieben?

Wecken und bewirken mein Dienst, mein Reden und mein Handeln Liebe in anderen Menschen?

Dieser Text über »das Endziel all unserer Verkündigung und unseres Lebens« wurde von Hans Peter Royer im Sommer 2013 kurz vor seinem tödlichen Unfall als Brief an die Freunde der Arbeit des Tauernhofs in Schladming verfasst.

Bedingt beliebt oder bedingungslos geliebt?

Das Wort Liebe wird sehr inflationär gebraucht, wie die meisten von uns wissen. Wenn du das Radio aufdrehst, kommt in jedem zweiten Lied das Wort Liebe vor, egal welche Art von Musik du hörst. Und das Problem in der deutschen Sprache ist, dass wir extrem viele Dinge in das Wort »Liebe« hineinpacken. In der englischen Sprache ist es eigentlich auch nicht besser. Zum Beispiel sagen wir im Deutschen wie im Englischen: »Ich liebe meine Frau«. Na, das ist ja nett. Aber derselbe Mann, der sagt: »Ich liebe meine Frau«, der sagt auch: »Ich liebe meinen Hund«. Was ist jetzt der Unterschied? Warum darf dann die Frau im Haus bleiben, wenn es regnet, und der Hund nicht? Da ist ja irgendwo ein Unterschied. Wir sagen zum Beispiel: »Ich liebe die Berge«, oder: »Ich liebe das Wiener Schnitzel«. Wir lieben so viele Dinge. Es gibt eine relativ große Verwirrung, wenn wir das Wort Liebe gebrauchen, weil wir es so vielfältig anwenden. Deshalb möchte ich hier ein paar Punkte über Liebe und über Beziehungen klären.

Warum sehnt sich der Mensch überhaupt nach Liebe? Das hat damit zu tun, dass er ein Beziehungswesen ist. Gott hat den Menschen als sein Ebenbild geschaffen, als sein Gegenüber (1. Mose 1,27). Darin besteht der Unterschied zwischen Mensch und Tier. Gott hatte bereits genügend »Haustiere«, aber jetzt wollte er ein Gegenüber, und das war der Mensch. Sein Ebenbild. Und weil Gott uns dazu schuf, sein Ebenbild zu sein, sind wir Beziehungswesen.

Weil Gott uns dazu schuf, sein Ebenbild zu sein, sind wir Beziehungswesen.

Gott ist ja ein dreieiniger Gott, und bereits dieser eine Gott pflegt in sich selbst Beziehung. Der Vater liebt den Sohn, der Sohn liebt und ehrt den Vater im Heiligen Geist. Bereits der dreieinige Gott in sich selbst ist also ein Beziehungswesen. Wenn der Mensch zum Ebenbild Gottes geschaffen ist, dann ist er dementsprechend auch ein Beziehungswesen. Andernfalls wäre er nicht Ebenbild Gottes. Die Bibel spricht eigentlich von der ersten bis zur letzten Seite über Beziehung. Der Mensch ist nämlich nicht geschaffen – man kann das im Deutschen so sagen – »an sich« oder »für sich«, sondern der Mensch ist geschaffen, um in Beziehungen mit anderen zu sein.

Da gibt es einerseits die vertikale Beziehung zu Gott und andererseits die horizontale Beziehung zu anderen Menschen. Das heißt übrigens: Wenn es einen Menschen gäbe, der keine einzige positive Beziehung zu anderen Menschen hätte und auch keine Beziehung zu Gott, wäre er eigentlich lebendig tot. Man könnte sagen: Er existiert, aber er lebt nicht. Das ist der Unterschied. Denn erfüllt leben können wir nur in Beziehungen. Jeder würde mir recht geben, wenn ich sage: »Beziehungen sind Teil eines Menschenlebens«. Da würde jeder Mensch, egal wo er steht, sagen: »Ja, das stimmt hundertprozentig«. Aber es ist mehr! Die Beziehung ist nicht nur ein Teil des Menschenlebens, wir *sind* Beziehung. Das heißt, Beziehung ist unsere Identität. Wenn du wissen willst, wer du bist, kannst du nicht in den Spiegel schauen, denn im Spiegel siehst du nur dich – und du weißt nicht, wer du bist. Du weißt nur in Beziehungen, wer du bist, niemals ohne.

Der Mensch ist geschaffen, um in Beziehungen mit anderen zu sein.

Wer bist du?

Ich denke dabei z. B. an eine unserer Mitarbeiterinnen am Tauernhof, Helen, die ursprünglich aus Australien kommt. Sie kam mit 16 Jahren das erste Mal zu uns, nachdem ich in Brisbane in Australien bei einer Konferenz unterrichtet hatte. Nach einer Unterrichtsstunde kam sie zu mir und sagte: »Du bist doch aus Österreich; ich möchte gern mal nach Österreich, kann ich zu dir an den Tauernhof kommen?« Hab ich gesagt: »Du kannst schon kommen.« Hat sie gesagt: »Aber eins sage ich dir gleich, ich will mit Gott nichts zu tun haben.« Darauf ich: »Ist nicht so tragisch, kannst trotzdem kommen, aber du musst halt tun, was wir sagen, sonst wird's a bissl schwierig.«

»Kein Problem«, sagte sie und ist dann auch gekommen und war ein halbes Jahr da. Ein super Mädchen! Die war damals schon lieb – nicht nur jetzt – und hat brav bei allem mitgearbeitet, was anstand. Jede Woche haben wir unsere Mitarbeiter-Besprechung, und dreimal die Woche treffen sich alle Mitarbeiter morgens um halb acht zum Gebet. Wie wir es vereinbart hatten, musste Helen auch bei diesen Treffen dabei sein. Aber wann immer es um die Bibel, um Jesus oder um Gott ging, hat sie nur auf den Boden geschaut, bis alles vorbei war. Danach war sie wieder ganz normal. In der letzten Woche, bevor sie nach Hause fuhr, fragte ich sie: »Helen, du bist so a liebs Dirndl« – also »schönes Mädchen«, ich hab ja Englisch mit ihr geredet – »warum bist du eigentlich immer so negativ, wenn es um Gott geht?« Da sagte sie: »Weil ich Angst habe, meine Identität zu verlieren, wenn ich mich auf Gott einlasse.«

Was ist deine Identität? Wer bist du?

Darauf ich: »Ja, was ist denn deine Identität? Jetzt wäre ich neugierig, was du zu verlieren fürchtest. Wer bist du, Helen?« Ich hatte gerade ein Buch darüber gelesen, sonst wäre mir diese Frage vermutlich gar nicht gleich eingefallen. Sie antwortete: »Ja, ich bin die Helen!« Darauf ich: »Na, das ist dein Name. Aber wer bist du?« Da war sie stutzig, das hat gewirkt. »Ich bin Australierin.« – »Na, das ist deine Nationalität. Aber wer bist du?« Sie sagte: »Ich will Krankenschwester werden.« Ich erwiderte: »Das ist dein Beruf. Wer bist du?« Da wusste sie nicht mehr, was sie sagen sollte, und ich auch nicht. Nur eins gab ich ihr noch mit: »Helen, tu mir einen Gefallen und setz dich heute Nacht eine halbe Stunde hin, und denk mal darüber nach, wer du bist. Du hast mir gesagt, du willst dich nicht auf Gott einlassen, weil du Angst hast, deine Identität zu verlieren. Ich möchte nur wissen, was du zu verlieren fürchtest.«

»Okay, mach ich«, sagte sie zu und ging in ihr Zimmer. Am nächsten Tag traf ich sie draußen vor dem Gartenhaus des Tauernhofs wieder. Sie lachte übers ganze Gesicht, und ich dachte noch bei mir: »Sie hat sicher wieder irgendeine Antwort gefunden.« Ich sprach sie an: »Helen, wie schaut's aus?« Und dann sagte sie: »Ich habe mein Leben gestern Jesus gegeben. Ich habe darüber nachgedacht, wer ich bin, und festgestellt, dass ich es nicht weiß. Jetzt weiß ich, wer ich bin: Ich bin ein Kind Gottes. Jetzt habe ich eine Identität.« Seht ihr, was ich meine? Wenn du nur in den Spiegel schaust, siehst du dich zwar, weißt aber nicht, wer du bist. Erst in Beziehungen weißt du, wer du wirklich bist.

Jetzt weiß ich, wer ich bin: Ich bin ein Kind Gottes. Jetzt habe ich eine Identität

Der Mensch als Beziehungswesen

Beziehungen sind nicht nur ein Teil unserer Identität, sie bestimmen unsere Identität. Das ist ein riesengroßer Unterschied, der heute übrigens auch in den Humanwissenschaften wieder ganz neu entdeckt wird. Wenn man einen erkrankten Menschen heilen will, und er selbst geheilt werden will, dann geht es nicht nur um die Heilung des Körpers – das heißt im Griechischen »Soma«, der Leib. Die Heilung des »Soma« ist zwar notwendig, aber körperliche Heilung allein heilt den Menschen nicht umfänglich. Darum hat man schon länger erkannt, dass auch das Seelenleben – griechisch die »Psyche« – zu berücksichtigen ist; und die Psyche, also die Seele, beschreibt den Menschen in seiner Bedürftigkeit. Mit unserer Seele ist unsere Sehnsucht nach Wertschätzung verbunden, unsere Sehnsucht nach Respekt und nach Anerkennung.

Wenn Leib und Seele gemeinsam berücksichtigt und behandelt werden, fällt das in den Bereich der Psychosomatik. Aber manchmal ist auch dies noch nicht genug, wie wir heute in den

Humanwissenschaften erkennen. Es bedarf noch mehr, nämlich der Berücksichtigung und Heilung der Beziehungen und ihrer Auswirkungen. Für die Beziehungsebene und Beziehungsfähigkeit ist in der Bibel der Geist – griechisch das »Pneuma« – zuständig. So können wir das, was wir in der Medizin zur umfassenden Heilung brauchen und anstreben, als Pneuma-Psycho-Somatik bezeichnen. Auch die pneumatische Dimension – das Pneuma, der Geist – muss behandelt werden, und das meint unsere Beziehungen. Es muss also das Soma behandelt werden, das ist unser Leib; die Psyche muss behandelt werden, das ist unsere Seele mit unserer Bedürftigkeit – aber eben auch unser Pneuma. Darum: Körper, Seele und Geist, alle drei bedürfen der Heilung – und das geschieht in Beziehungen, wofür das Pneuma, der Geist, steht.

Eigentlich ist es ziemlich offensichtlich, dass der Mensch in Beziehungen leben muss, um Mensch zu sein. Es wird ganz offensichtlich, wenn wir darüber nachdenken, wie ein Mensch entsteht. Frage: Wie viel hast du zu deiner eigenen Zeugung beigetragen? Nicht zu der Zeugung deiner Kinder, dazu hast du ein bisschen was »beigetragen«. Aber zu deiner eigenen Zeugung hast du selbst überhaupt nichts beigetragen, weil es dich zuvor noch gar nicht gab. Du bist durch die Beziehung von zwei Menschen entstanden, und unabhängig von dieser Beziehung gab es dich noch gar nicht. Unabhängig davon, ob diese eine romantische Beziehung war, und unabhängig davon, ob du ein Wunschkind warst, war es unbestreitbar eine Beziehung, aus der du entstanden bist.

Der Mensch muss Beziehungen haben, um Mensch zu sein.

In den ersten neun Monaten nach deiner Zeugung hast du in totaler Abhängigkeit von deiner Mutter gelebt. Es war noch keine bewusste Beziehung, aber unbestreitbar eine totale Abhängigkeit von ihr. Selbst nachdem du geboren wurdest, warst du noch relativ lange von deiner Mutter und von der Beziehung zu ihr völlig abhängig. Der Mensch braucht das »Wir«, um gesund heranreifen zu können. Wenn ein Kind zum Beispiel Ablehnung erfahren hat – ob bereits vor der Geburt im Bauch der Mutter oder nach der Geburt –, hat das oft lebenslange Folgen, wie wir heute wissen. Damit muss noch nicht alles hoffnungslos sein, aber es bedeutet zweifellos eine schwere Bürde und eine hohe Hürde, die es bei einer solch grundlegenden Ablehnung zu überwinden gilt. Soviel zur ersten Frage: Warum sehnt sich der Mensch nach Beziehung? Weil er ein Beziehungswesen ist und weil er genau so geschaffen wurde.

Der Mensch braucht das »Wir«, um gesund heranreifen zu können.

Warum zerbrechen so viele Beziehungen und gibt es so viel Not?

Nun, das beginnt bereits am Anfang in der Bibel: Gott schuf den Menschen zu seinem Ebenbild, zur Beziehung mit ihm. In 1. Mose 2,25 lesen wir dazu: *»Und sie waren beide nackt, der Mensch und seine Frau, und schämten sich nicht.«* Das war die ungetrübte Beziehung zwischen Gott und Mensch. Mann und Frau standen völlig nackt, ungeschützt und offen vor Gott – und sie schämten sich nicht.

Wisst ihr, warum wir uns schämen? Wir schämen uns, wenn wir in einer Situation ertappt werden, die uns anders darstellt, als wir erscheinen wollen. Wenn du zum Beispiel damit angibst, der beste Skifahrer Deutschlands zu sein, und dann dabei ertappt wirst, wie du wirklich fährst, dann schämst du dich. Denn du hast dich anders dargestellt als du wirklich bist. Ich kann mich noch gut daran erinnern, wie ich mich einmal schämte, als ich in dieser Weise ertappt wurde. Ich war in der Schule immer relativ klein, aber ich war ziemlich frech. Und ich war schon immer jemand, der gern vorne sein wollte, auch wenn er es nicht konnte. Ich bin immer recht sportlich gewesen und hab damit kein Problem gehabt. Aber eines konnte und kann ich nicht: Ball spielen. Ich kann Ski fahren, ich kann klettern und vieles mehr – aber Ball spielen ist eine Katastrophe. Ein Freund wollte mir mal Tennis beibringen, als ich schon ein bisschen älter war. Aber nach der fünften Unterrichtsstunde sagte ich zu ihm: »Ich geh Ski fahren, das bringt nichts.«

Aber zurück zu meinem Beispiel aus der Schule: Als ich ungefähr zwölf Jahre alt war, spielten wir in der Hauptschule Fußball. Damals wusste ich noch nicht, dass ich nicht Ball spielen konnte, sondern dachte, ich kann's. Als wir mit dem Spiel beginnen wollten, kam die Frage auf, wer der Kapitän vom Team sein sollte. Ist ja logisch, dachte ich, und sagte: »Ich!« Ist ja eh klar, wer sonst, gell? Ich erinnere mich gut daran, wie ich beim Nachhausegehen zwei Mitschüler hinter mir miteinander reden hörte: »Dieser Trottel will Kapitän sein, der trifft nicht mal den Ball.« Seit diesem Tag habe ich nie mehr Fußball gespielt, weil ich mich geschämt habe. Wir stellen uns als etwas dar, was wir nicht sind; und wenn wir dabei ertappt werden, schämen wir uns.

Wir schämen uns, wenn wir in einer Situation ertappt werden, die uns anders darstellt, als wir erscheinen wollen.

Ist es nicht interessant, dass Adam und Eva als der erste Mann und die erste Frau frei vor Gott standen? Adam und Eva »schämten sich nicht«, lesen wir hier in 1. Mose 2,25. Sie waren ungeniert und selbstbewusst, aber – und das wird oft missverstanden – wisst ihr, warum Adam und Eva so selbstbewusst waren? Nicht weil sie hochintelligent und begabt, sportlich und dynamisch waren, sie waren vielmehr nackt und schwach und abhängig. *»Und sie schämten sich nicht!«*

Sie lebten als Ebenbild Gottes, in der Abhängigkeit von Gott und in der Offenheit für Gott – die Verhältnisse waren klar: Gott ist Gott, und wir sind wir. Gott ist Gott, und der Mensch ist Mensch.

Und wir sind zum Ebenbild Gottes geschaffen, um in Abhängigkeit von ihm, in Liebe, im Vertrauen zu unserem Gott, der uns erschaffen hat, zu leben. Solange der Mensch in dieser Abhängigkeit und in dieser Schwäche lebte, schämte er sich nicht. Gott war Gott, und der Mensch war Mensch – das war seine Identität.

Gott war Gott, und der Mensch war Mensch – das war seine Identität.

Der Zerbruch kam, als der Mensch mehr sein wollte als das, wozu er geschaffen worden war. Als er nicht mehr nur Mensch, sondern selbst wie Gott sein wollte. Der Mensch war nicht mehr zufrieden damit, Ebenbild Gottes zu sein, er wollte vielmehr *Abbild* Gottes sein. Er wollte nicht mehr nur in Beziehung mit Gott leben, sondern er wollte Gott ersetzen, er wollte selbst Gott sein. Das war die Verführung. Und als der Mensch dieser Verführung nachgab, verlor er seine Identität und damit seine Beziehungen. Sobald wir anfangen, Beziehungen oder Liebe mit irgendetwas anderem zu ersetzen, haben wir schon verloren. Wenn dein Drang nach Geltung und Erfolg auf Kosten von Beziehungen geht, dann bist du bereits der Verlierer. Immer! Denn wir sind aus Beziehungen und für Beziehungen geschaffen, und sobald wir sie mit etwas ersetzen, haben wir verloren.

Dementsprechend geht die Erzählung am Anfang der Bibel, wie wir in 1. Mose 3,4 f. lesen, auch weiter: *»Da sprach die Schlange zur Frau: Ihr werdet keineswegs des Todes sterben, sondern Gott weiß: An dem Tage, da ihr davon esst, werden eure Augen aufgetan, und ihr werdet sein wie Gott und wissen, was gut und böse ist. Und die Frau sah, dass von dem Baum gut zu essen wäre und dass er eine Lust für die Augen wäre und verlockend, weil er klug machte. Und sie nahm von seiner Frucht und aß und gab ihrem Mann, der bei ihr war, auch davon, und er aß.«*

Erst nachdem Adam und Eva von der Frucht gegessen hatten, wurden ihre Augen aufgetan und sie erkannten, dass sie nackt waren, woraufhin sie Feigenblätter zusammenflochten und sich Schurze machten. Die Schlange hatte ihnen versprochen: »Wenn ihr von der Frucht esst, dann werdet ihr sein wie Gott!« Darauf aßen sie von der Frucht – und was erkannten sie? Sie erkannten, dass sie nackt waren! Sie schämten sich, versteckten sich und flochten sich die Feigenblätter, um ihre Blöße ein bisschen zu verdecken. Wenn man das bedenkt, erscheinen einem Adam und Eva ein bisschen naiv. Wie blöd ist das denn? Sie binden sich ein paar Feigenblätter um, verstecken sich im Garten und glauben, Gott sieht sie nicht. Ist das nicht extrem naiv?

Aber weißt du was? Bevor wir darüber lachen, sollten wir uns selbst prüfen, mit wie vielen Feigenblättern wir uns ständig bedecken. Was wir immer vorgeben zu sein, obwohl wir doch wissen, dass wir es in Wahrheit nicht sind! Was wir tun, um anerkannt zu werden und um beliebt zu sein! Offensichtlich halten auch wir uns Feigenblätter vor. Weißt du, was wir oft tun? Wir zeigen einander meistens nur die Seite von uns, von der wir annehmen, dass die Leute sie an uns mögen und von uns erwarten. Aber die Seiten von uns, bei denen wir Ablehnung befürchten, die verstecken wir und halten sie geheim. Wir sollten aber vielmehr lernen, diese Seiten anzusprechen und in persönlichen Gesprächen unter Christen darüber zu reden. Denn nur so können wir von diesem Spiel des Verbergens frei werden. Wir laufen dauernd mit Feigenblättern herum, und wir trauen uns nicht, das zu sein, was wir sind. Wir wollen beeindrucken und können unsere Schwächen nicht zugeben.

Wir trauen uns nicht, das zu sein, was wir sind. Wir wollen beeindrucken und können unsere Schwächen nicht zugeben.

Wir wollen herausragen – ein interessantes Wort »heraus-ragen«! Warum wollen wir über andere herausragen? Warum genügt es nicht, Mensch zu sein? Seht ihr, wir wollen immer etwas Besonderes sein. Wir wollen ständig mehr sein, als wir sind. Und darum haben wir diese Probleme, deshalb tun wir uns so schwer im Leben.

Bedingungslose und grenzenlose Liebe – Gottes Agape

Im Griechischen gibt es verschiedene Worte für Liebe, zwei davon sind für uns in diesem Zusammenhang entscheidend. Das eine ist das Wort »Eros«, wovon die deutschen Begriffe »erotisch« und »Erotik« abgeleitet werden. Im Griechischen ist Eros jedoch viel umfassender zu verstehen als bei unserer Konzentration auf die Erotik und Sexualität.

Was ist Eros? Wenn ich jetzt als Mann rede, dann kann ich es so sagen: Die erotische Liebe wird in mir geweckt, wenn ich eine attraktive Frau vor mir sehe. Ich fühle mich angezogen, und die Attraktivität der Frau zieht meine Blicke auf sich. Das ist Eros. Die erotische Liebe ist also abhängig von der Attraktivität des Gegenübers; sie wird von den Reizen und der Schönheit, die mir begegnen, geweckt. Wenn mein Gegenüber extrem attraktiv ist, ist das erotische Interesse und die erotische Liebe groß; wenn mein Gegenüber als weniger attraktiv erscheint, ist die erotische Liebe weniger groß. Das heißt, je attraktiver, reizvoller und schöner wir sind, desto mehr werden wir beachtet, begehrt und geliebt. Wer als weniger attraktiv gilt, wird weniger geliebt.

Die erotische Liebe ist abhängig von der Attraktivität des Gegenübers.

Nun gilt dieses Prinzip der »Erotik« nicht nur für die erotische Liebe im engeren Sinne, sondern für unsere Gesellschaft im Allgemeinen. Um in unserer Gesellschaft – egal ob in Deutschland oder Österreich – etwas zu gelten, müssen wir attraktiv, dynamisch und erfolgreich sein. Wenn du das nicht bist, dann gehörst du zum »Fußvolk« und wirst nicht beachtet. So erfahren wir es schon als Kinder. Schon ein kleines Kind lernt sehr bald: Wenn ich ganz lieb und reizend bin zu meiner Großmama, dann hat sie mich mehr lieb. Wenn ich sie dauernd mit Sand bewerfe und schreie, hat sie mich weniger lieb. Je süßer das kleine Gesicht und je netter das

Lächeln, desto mehr Zuwendung und Wohlwollen im Sinne von Eros wird das Kind erhalten. Durch diese kindliche Attraktivität fühlen sich fürsorgliche Menschen angezogen.

Als Eros wird also – und das ist jetzt entscheidend – die Liebe bezeichnet, dir mir gilt, weil ich liebenswert bin und weil ich es verdiene, geliebt zu werden. Wenn ich attraktiv bin und mich liebenswürdig verhalte, dann werde ich geliebt. Wenn ich den Erwartungen entspreche, dann erfahre ich Aufmerksamkeit und Zuwendung. Im Alltag unseres Lebens erfahren wir fast ausschließlich Liebe in diesem Sinne von Eros. Das ist die bedingte – d. h. an Bedingungen gebundene – Liebe, die wir in fast jedem Bereich unseres Lebens erfahren.

Als Eros wird die Liebe bezeichnet, dir mir gilt, weil ich liebenswert bin und weil ich es verdiene, geliebt zu werden.

Dieses Denken von Anerkennung und Zuneigung nach dem Prinzip des Eros wird von Jesus in seinem Evangelium total auf den Kopf gestellt. »Gott liebt uns!« – wenn ich das so erkläre, werden die meisten von uns sagen: »Ja, der hat völlig recht.« Aber wenn wir die wahre Bedeutung dieser Liebe Gottes verinnerlichen, dann revolutioniert das unser ganzes Leben. »Gott liebt uns nicht, weil wir liebenswert oder liebenswürdig sind, sondern wir erkennen unseren Wert daran, dass Gott uns liebt!«, hat es Hans-Joachim Eckstein formuliert.

Es sind also bereits die Worte »liebenswert« und »liebenswürdig«, die so viel verraten. Ein liebenswerter Mensch ist es wert, geliebt zu werden. Ein liebenswürdiger Mensch ist würdig, geliebt zu werden. Der ist anziehend, reizvoll und attraktiv, von anderen wahrgenommen und geliebt zu werden. Das ist das Prinzip des Eros.

Aber gerade diese Weise einer an Vorbedingungen geknüpften Liebe wird durch das Evangelium von Jesus Christus total auf den Kopf gestellt. Man kann es nicht treffender formulieren als der 1. Johannesbrief (4,7-10; LUT): *»Ihr Lieben, lasst uns einander lieb* *haben; denn die Liebe ist von Gott, und wer liebt, der ist aus Gott geboren und kennt Gott. Wer nicht liebt, der kennt Gott nicht; denn Gott ist Liebe. Darin ist erschienen die Liebe Gottes unter uns, dass Gott seinen eingeborenen Sohn gesandt hat in die Welt, damit wir durch ihn leben sollen. Darin besteht die Liebe: nicht, dass wir Gott geliebt haben, sondern dass er uns geliebt hat und gesandt seinen Sohn zur Versöhnung für unsere Sünden.«*

Hier haben wir die unüberbietbare Aussage: »Gott ist Liebe!«, und dabei wird der griechische Begriff »Agape« verwendet. Diese Liebe – die Agape – kommt von Gott und sie ist nicht mit Eros zu verwechseln. Die Liebe Gottes können und brauchen wir nicht zu verdienen, wie es bei Eros vorausgesetzt wäre. Die Liebe Gottes können wir nur empfangen, sie gilt uns voraussetzungslos. Diese in Gottes Liebe gründende Agape muss sich auch nicht anstrengen, Gott zu lieben, sondern – wie 1. Johannes 4,10 sagt – *»Darin besteht die Liebe: nicht, dass wir Gott geliebt haben, sondern dass er uns geliebt hat.«* Hier geht es nicht um unsere Anstrengungen, Gott zu lieben und für ihn von uns aus attraktiv zu werden, damit er uns lieben kann – das wäre Liebe nach dem Prinzip des Eros. Gottes Agape besteht darin, dass er uns von sich aus und zuerst bedingungslos geliebt hat.

Die Liebe Gottes können wir nur empfangen, sie gilt uns voraussetzungslos.

Daran, dass er uns so geliebt hat und uns so viel gegeben hat, daran erkennen wir, wie wertvoll wir sind. Das ist der Punkt! Zwischenmenschlich könnte ich den Unterschied zwischen Eros und Agape auch so erklären: Nehmen wir einmal an, da sind zwei Ehefrauen, die beide eine total hingebende Liebe zu ihren Ehemännern haben. Eine dieser Ehefrauen allerdings ist ständig unruhig, besorgt, angestrengt und ängstlich, während die andere Frau zuversichtlich und gelassen ist und Frieden ausstrahlt. Der Unterschied mag darin begründet sein, dass die eine Frau sich immer voller Sorge darum bemüht, attraktiv, vollkommen und liebenswert zu sein, *damit* ihr Mann sie liebt – das entspricht dem Prinzip des Eros. Die andere Frau aber ist sich der Liebe ihres Mannes gewiss und ihres Wertes bewusst; sie kann ihren Mann freudig und von Herzen lieben, *weil* er sie liebt. Dies entspricht der Liebe im Sinn von Agape.

Gottes Liebe ist Agape und damit eine voraussetzungslose und bedingungslose Liebe. Die meisten Christen wissen und glauben grundsätzlich, dass Gott »liebt«. Aber viele Christen glauben nicht, dass Gott sie wirklich persönlich liebt, sie gerne hat und sich an ihnen freut. Denn solch eine Zuneigung haben wir ja nicht verdient. So wie wir leben, kann Gott uns ja nicht wirklich lieben, oder? Dieser Zweifel ist in unserem Verständnis von Liebe nach den Bedingungen des Eros begründet. *Aber die Liebe Gottes ist eben unbedingte Agape, und das ist der entscheidende Unterschied.*

Gottes Liebe ist Agape und damit eine voraussetzungslose und bedingungslose Liebe.

Diese Worte mögen uns geläufig sein, aber wenn wir sie neu verinnerlichen, erleben wir eine ganz neue Freiheit und unwahrscheinliche Freude. Fragen wir uns, woran wir diese Liebe denn erkennen und wie Gott seine Liebe gezeigt hat, werden wir an die ganz grundlegenden Aussagen des Evangeliums erinnert: *»So sehr hat Gott die Welt geliebt, dass er seinen einzigen Sohn hingab«* (Johannes 3,16; EIN). *»Darin ist erschienen die Liebe Gottes unter uns, dass Gott seinen eingeborenen Sohn gesandt hat in die Welt«* (1. Johannes 4,9; LUT). Durch die Zuwendung und Hingabe seines Sohnes, Jesus Christus, hat Gott also seine Liebe als Agape erwiesen und bewiesen. Bei Gott ist Liebe also nicht nur ein Wort, vom Himmel heruntergesprochen. Gott hat nicht nur aus der Ferne gesagt: »Ich liebe Euch!«; Gott hat es mit einer Tat bewiesen. Gott hat sich uns tatsächlich und erkennbar zugewandt. Darin ist die Liebe Gottes offenbar, dass er seinen einzigen, geliebten Sohn zu uns auf die Welt sandte; und daran ist die Liebe Jesu Christi erkennbar, dass er sich selbst uns zuwandte und sich für uns hingab.

Damit sind wir bei einem zweiten Punkt: Wahre Liebe wird an der Intensität und Hingabebereitschaft erkennbar. Wenn wir uns im Alltag grüßen, ist das auch schon eine Form von Zuwendung, das kann aber auch noch unverbindlich sein. Wenn wir einander Zeit schenken, miteinander Kaffee trinken und einander aufmerksam zuhören, ist das durchaus schon ein größerer Beweis der Wertschätzung. Wenn uns jemand sogar das Versprechen gibt, für uns einzustehen oder sogar sein Leben mit uns zu teilen, dann ist das eine außergewöhnliche und hingebende Liebe. Aber wenn jemand bereit ist, sein Leben für uns einzusetzen, dann ist das die größte und äußerste Form der Liebe. Und genau das hat Gott getan, indem er das ihm Wertvollste zu uns sandte! Das hat auch sein Sohn, Jesus Christus, bewiesen, indem er sein eigenes Leben für uns einsetzte und opferte.

Wahre Liebe wird an der Intensität und Hingabebereitschaft erkennbar.

Liebe muss für uns erkennbar sein und uns offenbart werden – durch Worte, durch Zuwendung und durch Verhalten. Und das Ausmaß der Liebe wird offensichtlich an der Intensität des Verhaltens und der Taten der Liebe. Die äußerste Liebe wird da erkennbar, wo ein Mensch sein eigenes Leben für einen anderen einsetzt und hingibt. Und genau das hat Gott in Christus für uns getan!

Auch unter Menschen kommt es in besonderen Situationen vereinzelt zu einem solchen äußersten Beweis der Liebe durch den Einsatz des eigenen Lebens. Wenn ein kleines Kind von einer Brücke in den Fluss fallen würde, mag eine Mutter ohne langes Überlegen und Abwägen der Gefahr ihrem Kind nachspringen. Wenn sie ihr Kind wirklich liebt, dann wird sie nicht lange zögern, ihr eigenes Leben für ihr »eigenes Fleisch und Blut« einzusetzen, um es zu retten.

Das Herausragende bei der Liebe Gottes ist freilich, dass er sie uns erwiesen hat, als wir uns weder als seine Freunde noch als seine Kinder, sondern als seine erklärten Feinde verhielten und ohne ihn lebten. Darin sieht Paulus den eindrücklichsten Beweis der Liebe Gottes, wenn er in Römer 5,6-10 ausführt: »*Denn Christus ist schon zu der Zeit, als wir noch schwach waren, für uns Gottlose gestorben. Nun stirbt kaum jemand um eines Gerechten willen; um des Guten willen wagt er vielleicht sein Leben. Gott aber erweist seine Liebe zu uns darin, dass Christus für uns sein Leben gegeben hat, als wir noch seine Feinde waren.*« Darin zeigt sich das überwältigende Ausmaß seiner bedingungslosen und grenzenlosen Liebe.

Vom Begreifen der Liebe

Jetzt möchte man meinen, dass jeder Mensch, der diese Beschreibung der Liebe Gottes erfährt und gedanklich nachvollziehen kann, diesen Gott kennenlernen will, der ihn so sehr liebt. Warum ist das nicht der Fall? Dafür gibt es gleich mehrere Gründe. Der erste Grund ist der, dass viele in ihrer eigenen Biografie eine solche unbedingte Liebe noch nie erfahren haben. Sie kennen also diese Agape-Liebe selbst überhaupt nicht. Manche könnten kein einziges Beispiel dafür nennen, dass ein Mensch sie je bedingungslos geliebt hätte. Sie mögen oft geliebt worden sein, wenn sie den Erwartungen entsprachen und funktionierten. Aber wenn nicht, dann wurde ihnen die Anerkennung und Liebe entzogen. Sie kennen Zuneigung für ein liebenswertes Verhalten im Sinne von Eros; Agape aber mögen sie noch nie selbst erfahren haben. Dann tun sie sich schwer, zu diesem Gott zu kommen, weil sie es gar nicht glauben können, dass es eine solche Liebe überhaupt geben kann. Da muss doch noch irgendein Haken dabei sein!

Viele haben in ihrer eigenen Biografie eine solche unbedingte Liebe noch nie erfahren.

Ein weiterer Grund für diesen Vorbehalt gegen die Zusage der Liebe Gottes kann im religiösen Verständnis selbst liegen. Auch in der christlichen religiösen Überlieferung wurde immer wieder gelehrt und verkündigt, dass »Gott nur die braven Kinder liebt«. Bei einer solchen Prägung knüpfen wir unwillkürlich an das Verständnis einer an Bedingungen geknüpften Liebe an – in der beschriebenen Weise von Eros. Dann versuchen wir bei Gott zu punkten. Wenn wir mehr beten – so folgern wir –, dann wird Gott uns auch ein bisschen mehr lieben. Wenn wir mehr fasten, dann kann Gott auch ein bisschen mehr Segen schenken. Und wir bringen schon wieder fromme Leistungen, um anerkannt zu werden – und damit sind wir schon wieder bei dem Missverständnis einer vorbehaltlichen Liebe. Die Worte der Liebe mögen wir leicht hören, aber die Zusage auch verstehen und verinnerlichen zu können, das ist ein Wunder. Wenn das geschieht, sind wir frei.

Die befreiende Erkenntnis muss in unserem Leben Hunderte Male geschehen.

Übrigens ereignet sich die befreiende Erkenntnis nicht nur einmal, sondern muss in unserem Leben Hunderte Male oder Tausende Male geschehen. Wir haben die Agape Gottes einmal erkannt und uns so daran gefreut – und zwei Wochen später sind wir wieder ganz in dem Denken der eingeschränkten Liebe, des Eros – auch und gerade in unserem christlichen Leben. Dann sind wir wieder deprimiert und schwermütig, so wie es auch mir oft genug geht.

Der verlorene Sohn

Vielleicht können wir dies alles noch an einem Beispiel festmachen und verdeutlichen. Wir alle kennen die Geschichte vom »verlorenen Sohn« – bzw. vom »liebenden Vater« (Lukas 15,11-32). Der Sohn verließ den Vater und zog fort; er vergeudete das ganze Geld seiner Erbschaft und geriet in der Fremde in größte Not. Als er sich aus Verzweiflung auf den Weg zurück zum Vater machte, hatte er sich ein Sprüchlein zurechtgelegt, das er zum Vater sagen wollte: *»Ich bin nicht mehr würdig, dein Sohn zu heißen; mache mich wie* *einen deiner Tagelöhner.«* Das klingt ja ganz nett, aber fällt uns auf, welche Beziehung der Sohn hier voraussetzt? Er wagte gar nicht auf eine bedingungslose Liebe zu hoffen und mit einer unbedingten Barmherzigkeit seines Vaters zu rechnen. Er erkannte, dass er einer Vater-Sohn-Beziehung nicht mehr würdig war. Aber worauf er setzte, war seine Fähigkeit, selbst zu arbeiten und sich seine Nahrung zu verdienen. Er rechnete nur damit, die Anerkennung und Belohnung seines Vaters verdienen zu können.

Das Faszinierende an der Erzählung Jesu ist, dass der Sohn gar nicht mehr dazu kommen sollte, diesen Abschluss seiner vorbereiteten Rede vorzutragen. Der Vater lief ihm entgegen, nahm seinen heimkehrenden Sohn in die Arme und küsste ihn. Und während der Sohn sein Schuldeingeständnis sprach, kam ihm der Vater zuvor und setzte ihn mit neuem Gewand, Ring und Schuhen wieder in die Stellung des Sohnes – nicht des Arbeiters – ein. Bei dem anschließenden Willkommensfest konnte der Sohn nichts tun, als dazusitzen, zu empfangen, sich zu freuen und immer wieder zu danken. Hier wird das Wesen der Agape, das Unglaubliche der bedingungslosen Liebe Gottes so klar und begreiflich. Der Sohn wagte kaum auf eine an Bedingungen und Leistungen geknüpfte Annahme zu hoffen – also auf Eros zu hoffen; der Vater aber schenkte ihm seine unbedingte Liebe und Barmherzigkeit – also seine Agape.

Der Sohn konnte nichts weiter tun, als dazusitzen, zu empfangen, sich zu freuen und immer wieder zu danken.

Es mag sein, dass der heimgekehrte Sohn am nächsten Morgen fast nicht glauben konnte, was ihm da geschehen war. Sollte der Vater ihm wirklich vergeben und ihn mit solcher Güte und Freude neu als Sohn eingesetzt haben? Er hatte zuvor die Schweine in der Fremde hüten müssen, und nun sollte er völlig unverdient in der Stellung eines Sohnes am Hof seines Vaters sein? Geht es uns nicht immer wieder so, dass wir unsere neue Situation gar nicht glauben und fassen können und dann versucht sind, wie früher nach der »Mistgabel« zu greifen, um das Nötigste selbst zu verdienen? Immer wieder wollen wir uns die Anerkennung erarbeiten und können uns die unbedingte Liebe Gottes – d.h. die grenzenlose Agape – gar nicht vorstellen.

Liebe ohne Leistung

Zum Schluss: Ja, diese Erkenntnis der unbedingten Liebe hat auch mein eigenes Leben stark beeinflusst! Dummerweise vergesse ich es immer wieder. Ich vergesse die Wahrheit, die ich selbst anderen dauernd predige und zuspreche. Ich habe das Wissen, und das, was ich weiß, würde für tausend Jahre reichen. Aber ich kann es mir persönlich keine zwei Wochen merken. So oft finde ich mich in dem alten System wieder und rutsche in das alte Denken zurück. Darum predige ich auch so gerne, weil ich in den Predigten zugleich selbst angesprochen und erinnert werde.

Ich vergesse die Wahrheit dieser Liebe Gottes selbst, obwohl ich nun fünfzig bin und mich bereits im Alter von fünfzehn Jahren bekehrt habe. Mit achtzehn hatte ich allerdings festgestellt, dass der Glaube bei mir nicht »funktioniert«: »Ich schaff das nicht, dieses christliche Leben, das muss für bessere Menschen gedacht sein.« Die folgenden fünf Jahre habe ich als Skilehrer und Bergführer in Österreich, in Australien und in den USA gearbeitet, Spaß gesucht, viele Partys gefeiert und manchen Blödsinn gemacht, den ich heute nie mehr tun wollte. Ich war Christ, aber ich lebte nicht danach. In dieser Zeit nahm ich wohl ab und zu wahr, wie Jesus zu mir sagte: »Hans Peter, ich bin immer noch bei dir!« Da habe ich geantwortet: »Ich weiß, aber das interessiert mich nicht.« Und heute reise ich um die Welt und erzähle Menschen von Jesus. Und ich studiere sein Wort und liebe es, darin zu forschen und es auszulegen und zu predigen.

Nun kommt die heikle Frage: Wann hat Gott mich mehr geliebt, als ich vor dreißig Jahren – wie der verlorene Sohn – fern vom Vater lebte und Blödsinn machte, obwohl ich Christus kannte, oder heute, wo ich Menschen täglich von Jesus erzähle? Die Antwort ist: Er hat mich damals genauso geliebt wie heute! Und er liebt mich heute kein Stück mehr als damals vor dreißig Jahren. Und wenn ich einmal im Himmel vor ihm stehe, wird er mich kein bisschen mehr lieben als heute – nämlich vollkommen. Das ist Gottes Agape! Es gibt nichts, was ich tun könnte, dass Gott mich noch mehr liebt. Und es gibt nichts, was ich tun könnte, dass Gott mich weniger liebt.

Er hat mich damals genauso geliebt wie heute! Und wenn ich einmal im Himmel vor ihm stehe, wird er mich kein bisschen mehr lieben als heute.

Das habe ich vor gut zwanzig Jahren das erste Mal kapiert. Bis dahin habe ich den christlichen Glauben nach dem Prinzip der »Religion« als menschliche Verpflichtung gegenüber Gott verstanden. Ich dachte nach dem Muster der an Bedingungen geknüpften Liebe, dass ich etwas leisten muss, um von Gott anerkannt zu werden. Es gibt eine Darstellung von dem gekreuzigten Jesus, unter der der Satz steht: »Das tat ich für dich, was tust du für mich?« Diesen Satz mag man auch positiv verstehen können, mich aber haben solche Aussagen extrem unter Druck gesetzt. Ich empfand diese geistlichen Erwartungen und Forderungen als eine religiöse Verpflichtung, der man nicht genügen kann und unter der man zerbricht. Das ist nicht Agape, das wäre Anerkennung infolge von Attraktivität, Anpassung und Leistung nach dem Prinzip des Eros.

Erst als ich dann in Australien auf einer Farm arbeitete und dort mit ein paar Tausend Schafen und meinem Traktor allein war und abends genug Zeit hatte, fing ich wieder an, jeden Tag in meiner Bibel zu lesen. In dieser Zeit habe ich dort in der Einsamkeit zum ersten Mal angefangen zu kapieren, dass Gott mich so liebt, wie ich bin – auch in meinem unmöglichen Leben. Da fing ich an zu verstehen, dass Gott mich einfach liebt. Die Konsequenz aus dieser unbedingten Liebe war nicht etwa, dass ich nachlässig wurde, weil er mich ja sowieso liebt. Im Gegenteil, als ich begriff, dass Gott mich wirklich so liebt, wie ich bin, ohne dass ich etwas beweisen musste, habe ich angefangen, Gott meinerseits zu lieben.

Mit den Augen Gottes

Dies war der Anfang meines Lebens mit Jesus. Vorher war mein Glaube eher Pflichtsache. Nun aber lebte ich voll Freude mit Jesus, und ich war stolz auf ihn. Jetzt folgte ich Jesus nicht aus Pflicht und mit Angst nach, sondern aus Dankbarkeit und mit Freude. Angst hat mich noch nie dazu motiviert, Jesus mit Freude nachzufolgen, nie! Das bewirkt nur die Liebe – die Agape Gottes!

Was daraus über die Jahre dann auch noch folgte: Ich habe durch dieses Begreifen der Liebe Gottes gelernt, die Menschen neben mir, die auch nicht als liebenswürdig erscheinen, mehr zu lieben. Ich kann jemanden anschauen und denken: »Ja, sympathisch ist er mir nicht, aber den hat Gott genauso lieb wie mich. Den hat Gott nicht weniger gern als mich.« Und das gibt mir eine Freiheit, ihn anzunehmen und zu respektieren, wie er ist.

Und schließlich habe ich auch noch gelernt, mich selbst mit den Augen dieser Liebe Gottes zu sehen und mich selbst anzunehmen. Ich lerne zunehmend, mich selbst anzuerkennen – auch ohne Fußball spielen zu können. Ich lerne, meine Schwächen einzugestehen, ohne mich schämen zu müssen, und zu bekennen, was mir eigentlich peinlich ist. Denn das bin ich – mit meinen Stärken und Schwächen. Gott hat mich als Mensch so geschaffen und begabt, wie ich bin. Wachsen und reifen und klüger werden will ich gewiss – das kann ja nicht schaden! Aber, die Liebe, die Wertschätzung mir gegenüber ändert sich nie. Ich bin wertvoll. Als ich das so erfasst habe, habe ich begonnen, das

> Ich habe gelernt, mich selbst mit den Augen dieser Liebe Gottes zu sehen und mich selbst anzunehmen.

Christsein zu genießen. Und das tue ich im Prinzip bis heute, auch wenn das nicht heißt, dass es mir im Alltag immer gut geht. Aber generell und unterschwellig ist mein Leben selbst dann von der Motivation bestimmt: »Ich bin wertvoll und geliebt!« Das wünsche ich jedem Menschen; und darum will ich weiterhin gerne tun, was ich tue, und predigen, was ich predige.

Leben ist Beziehung

Die tragischsten Momente im Leben sind nicht jene, in denen unser Haus abbrennt, wir die Anstellung verlieren oder unsere Gesundheit gefährdet ist, sondern die tragischsten Momente im Leben sind diejenigen, in denen Beziehungen zerbrechen. Beziehungen sind die Essenz des Lebens. Darum umarmen wir unsere Kinder und unsere Frau öfter als unser Auto. Darum geben wir alles daran, zuerst unsere Lieben aus einem brennenden Haus zu befreien, bevor wir das Gebäude retten.

Beziehungen zerbrechen immer entweder durch Sünde oder durch Tod. Darum leiden wir so sehr, wenn eines unserer Kinder, der Ehepartner oder ein lieber Freund stirbt. Und aus diesem Grund graben eine Scheidung, Streit, Hass und Neid solch tiefe Wunden in unsere Seelen. Beziehungen zu haben bedeutet Leben; und Zerbruch von Beziehung bedeutet Lebensminderung und in letzter Konsequenz den Tod.

Beziehungen zu haben bedeutet Leben.

Nun gibt es im Prinzip zwei Beziehungsebenen: unsere vertikale Beziehung zu Gott und unsere horizontalen Beziehungen zu anderen Menschen. Die Bibel berichtet, wie vor vielen Jahren unser Ur-Ur-Ur-Ur-…Großvater im Garten Eden die Beziehung zu Gott von sich aus beendet hat und somit der Tod in die Welt kam. Diese Abnabelung Adams von Gott nennt die Bibel den Sündenfall.

Für Gott war dieser Zustand der Trennung unerträglich. Es ist, wie wenn ein Mensch, den wir über alles lieben, sich plötzlich von uns abwendet. Eine solche Abwendung kann ein Herz auf das Tiefste erschüttern oder sogar brechen. Und seitdem ist Gott in seiner Liebe auf der Suche nach seinen abtrünnigen, jedoch geliebten Menschen. Seit dem Sündenfall ruft Gott jeden Tag auf der ganzen Welt den Menschen mit den drei Worten: »*Wo bist du?*« (1. Mose 3,9; LUT). Und jedes Mal, wenn ein Mensch die Stimme Gottes hört, seine Herzenstür auftut und Gott wieder bei sich einlässt, entsteht neues Leben.

Auch in uns Menschen ist diese Sehnsucht nach Gott immer noch vorhanden. Man findet selbst heute noch Gegenden, wo es keine Schulen und keine Krankenhäuser gibt. Aber es gibt auf der ganzen Welt keinen Ort, wo es nicht eine Anbetungsstätte gibt. Irgendwie weiß der Mensch, dass er für eine Beziehung mit Gott geschaffen ist und dass diese Welt nicht unsere letztendliche Heimat ist.

Irgendwie weiß der Mensch, dass er für eine Beziehung mit Gott geschaffen ist und dass diese Welt nicht unsere letztendliche Heimat ist.

Darum ist Jesus Christus, der Sohn Gottes, auf diese Erde gekommen. Indem *er* uns Vergebung anbietet, können wir wieder in Frieden leben lernen, sowohl mit Gott als auch mit Menschen. Denn da wo Vergebung ist, entstehen wieder Beziehungen. Wenn ein Mensch, mit dem wir jahrelang nicht mehr gesprochen haben, plötzlich zu uns kommt und um Vergebung bittet oder er uns vergibt, dann entsteht eine ganz neue Beziehung. Genauso ist es mit Gott. Er kam in seinem Sohn Jesus, um *jedem* Menschen seine Vergebung anzubieten. *Wer immer* diese Beziehung für sich in Anspruch nimmt, bei dem entsteht eine ganz neue Beziehung.

Natürlich müssen Beziehungen auch gepflegt werden, sowohl zu Menschen als auch zu Gott. Darum habe ich mir vor Jahren angewöhnt, mit Jesus spazieren zu gehen. Manchmal gehe ich in der Früh, manchmal tagsüber, meistens jedoch am Abend. Nicht selten tut es mir sehr leid, wenn ich vom Spaziergang in den Alltag des Unterrichtens oder der Administration zurückkehren muss, so wie es mir oft leidtut, mich von meiner Frau Hannelore zu trennen, wenn wir gerade ein gutes Gespräch haben.

Wann immer ich die Zeit mit Gott nicht finde, habe ich das Gefühl, etwas Wertvolles verloren zu haben. Bei diesen Spaziergängen bete ich nie nach einer gewissen Vorlage. Ich erzähle Gott einfach alles, was mir am Herzen liegt, oder ich sage eine halbe

Stunde gar nichts und höre nur. Manchmal formuliere ich eine Predigt oder summe ein Lied vor mich hin. Ich stelle Gott bestimmte Fragen und warte auf Antworten. Es ist nicht kompliziert oder schwierig in dieser Beziehung zu leben; man muss nur einmal damit anfangen.

Wann immer ich die Zeit mit Gott nicht finde, habe ich das Gefühl, etwas Wertvolles verloren zu haben.

Über all die Jahre habe ich festgestellt: Das ist Leben im Paradies! Denn Paradies ist nichts anderes, als in dieser innigen Beziehung mit Gott zu leben. Dazu sind wir für die Ewigkeit bestimmt, und es sind die wirklich erfüllten Momente auf dieser Erde, wenn wir die »Ewigkeit schmecken«, wenn wir mit Gott unterwegs sind. Dietrich Bonhoeffer hat einmal gesagt: »Es ist wichtiger mit Gott über Menschen zu reden, als mit Menschen über Gott zu reden.«

Religion und Leistung oder Jesus und Liebe?

Religiöse Systeme, egal welchen Namen sie tragen, haben die Menschheit seit jeher unterdrückt, missbraucht und ausgebeutet. Daran hat sich bis heute nicht viel geändert. Leider haben wir Menschen über die Jahrhunderte auch das Christentum zu einer Religion degradiert. Dabei hat Jesus nichts so scharf verurteilt wie die religiösen Systeme seiner Zeit. Jesus ist nicht gekommen, um eine neue Religion zu gründen, sondern um uns sein Leben zu geben. Das, was alle Religionen andauernd zu erreichen versuchen, hat Gott in Jesus Christus schon längst für uns getan. Religion versucht, Gott nahezukommen – in Jesus ist Gott uns bereits nahegekommen, indem er Mensch wurde. Religion versucht, vor Gott möglichst gerecht dazustehen – in Jesus sind wir bereits gerecht gesprochen aus Gnade. Religion versucht, durch Verzicht, gute Werke und Rituale vor Gott zu punkten – Jesus hat für uns bereits alle Punkte am Kreuz erfüllt, als er rief: »Es ist vollbracht!«

Jesus ist nicht gekommen, um eine neue Religion zu gründen, sondern um uns sein Leben zu geben.

Jesus ist kein Religionsstifter, sondern der Sohn Gottes. Er ist nicht gekommen, um unser Leben noch schwerer zu machen, als es ohnehin schon ist. Er ist gekommen, um im Alltag des Lebens mit uns zu gehen und uns über dieses Leben hinaus zu bewahren. Religion ist ein System, Jesus ist eine Person, die lebt – ER ist auferstanden! Religion motiviert mit Angst, Jesus handelt an uns in Liebe. Religion arbeitet mit Geboten und Verboten, Jesus schenkt uns Gnade. Religion kontrolliert, Jesus macht frei.

Religion gibt uns eine Ethik, aber nicht die Kraft, sie einhalten zu können. Jesus hat uns nicht nur die beste aller Ethiken vorgelebt, sondern gibt uns auch die Kraft des Heiligen Geistes, darin leben zu können. In der Religion ist man nie sicher, ob man genug getan hat, um Gott zu gefallen. In Jesus habe ich Gewissheit, weil ich in ihm geborgen bin. In der Religion soll ich durch Leistung – wenn ich denn gut bin – etwas vor Gott verdienen und gut dastehen. Bei Jesus brauche ich nichts durch meine eigene Leistung zu verdienen – ich darf das Geschenk der Gnade einfach empfangen, indem ich Jesus vertraue.

Wenn ich als religiöser Mensch versage, dann habe ich Angst, von Gott abgestoßen zu werden. Weil Jesus mich mit meinem Versagen angenommen hat und mich liebt, habe ich Frieden, auch wenn ich versage. Angst hat mich nie dazu motiviert, Jesus mit Freude nachzufolgen. Es war seine grenzenlose Liebe, die mich begeistert hat. Darum bin ich so gerne Christ und schäme mich nicht, ihn zu bekennen.

Religion ist ein System, Jesus ist eine Person, Jesus handelt an uns in Liebe.

Martin Luther hat dieses Geschenk der Gnade sehr eindrücklich beschrieben: »Mir ist es bisher wegen angeborener Bosheit und Schwachheit unmöglich gewesen, den Forderungen Gottes zu genügen. Wenn ich nicht glauben darf, dass Gott mir um Christi willen dies täglich beweinte Zurückbleiben vergebe, so ist's aus mit mir. Ich muss verzweifeln. Aber das lass ich bleiben. Wie Judas an den Baum mich hängen, das tu' ich nicht. Ich hänge mich an den Hals oder Fuß Christi wie die Sünderin. Ob ich auch noch schlechter bin als diese, ich halte meinen Herrn fest. Dann spricht Christus zum Vater: ›Dieses Anhängsel muss auch durch. Es hat zwar nichts gehalten und all deine Gebote übertreten, Vater, aber er hängt sich an mich. Was will's! Ich starb auch für ihn. Lass ihn durchschlupfen!‹ – Das soll mein Glaube sein!«

Buße tun – was ist das?

Leider wird der Begriff »Buße« in unserer heutigen Gesellschaft missverstanden oder als altmodisch abgetan. Wer will schon Buße tun? Warum und wozu soll ich Buße tun? Es hat einen eher negativen Klang. Dabei geht es beim »Buße-Tun« um etwas äußerst Positives, um etwas, das uns Leben gibt.

Die Bibel verwendet für diesen Ausdruck das griechische Wort *metanoia.* Metanoia bedeutet wörtlich: »Umdenken«, »Sinnesänderung«. Buße tun heißt also, unser Denken über eine gewisse Sache zu ändern. Der Evangelist Lukas beschreibt Buße-Tun folgendermaßen: »*Und das ganze Volk, das zuhörte, und die Zöllner haben Gott recht gegeben …*« (Lukas 7,29; ELB). Umkehren, umdenken, Buße tun heißt nichts anderes als »Gott recht geben«. Das Eingeständnis, dass Gott recht hat und ich unrecht habe, heißt Buße zu tun.

Buße tun heißt nichts anderes als »Gott recht geben«.

Ich will es an einem Beispiel erklären: Ich fahre gerne schnell mit meinem Auto. Ich genieße es, mit hoher Geschwindigkeit in Deutschland unterwegs zu sein, und wünschte mir, ich könnte immer so fahren. Wenn ich jedoch eine Geschwindigkeitsbegrenzung vor einer Kurve sehe, ändere ich meine Meinung darüber, dass ich gerne schnell fahre, und bremse ab. Ich ändere mein Denken und damit mein Handeln. Und dieses Umdenken bewahrt mich vor einem möglichen Unfall.

Gott fordert uns auf, Buße zu tun und umzudenken im Hinblick auf ihn selbst. Ein Mensch, der Buße tut, sagt: »Ich bin bereit, Gott recht zu geben in dem, was er ist und was er sagt, und bekenne ihm mein falsches Denken. Ich bekenne Gott, dass ich bis heute ohne ihn gelebt habe und dass ich ab heute bewusst mit ihm leben will. Ich entschließe mich, ehrlich zu sein, und benenne mein falsches, eigensüchtiges Handeln, ohne es zu beschönigen (die Bibel nennt das »Sünde bekennen«). Ich ändere mein Denken über meinen Nächsten. Ich soll meinen Nächsten nicht ausbeuten und übervorteilen, sondern ich soll ihn lieben und achten und ihm helfen.

Die ersten zwei Worte, die wir von Johannes dem Täufer in den Evangelien aufgeschrieben haben, sind: *»Tut Buße«* (Matthäus 3,2; LUT). Als der Herr Jesus seinen Predigtdienst begann, waren die ersten zwei Worte aus seinem Mund: *»Tut Buße«* (Matthäus 4,17; LUT). Und als zu Pfingsten die aufgeregte Menschenmenge auf die Predigt hin den Apostel Petrus fragte: *»Was sollen wir tun?«*, war seine Antwort: *»Tut Buße«* (Apostelgeschichte 2,38; LUT). Im Lukasevangelium sagte Jesus sehr direkt zu seinen Jüngern: *»Wenn ihr nicht Buße tut, werdet ihr alle auch so umkommen«* (Lukas 13,5; LUT). »Buße« selbst ist also kein negatives Wort, sondern die Aufforderung Gottes, nicht gottlos und selbstsüchtig ins eigene Verderben zu rennen. Er fordert uns auf, umzukehren und im Vertrauen auf ihn zu leben.

Übrigens: Buße zu tun und zu Gott umzukehren, ist nur die erste Hälfte der Geschichte. Denn nicht die Umkehr ist das Ziel, sondern die Gemeinschaft mit Gott selbst. Angenommen meine Frau Hannelore erwartet mich am Bahnhof in Salzburg. Dummerweise steige ich in Schladming in den falschen Zug ein und fahre in die entgegengesetzte Richtung nach Graz. Als mich der Schaffner darauf hinweist, »tue ich Buße« – ich ändere also meinen Sinn –, steige am nächsten Bahnhof aus und steige in den anderen Zug ein, der nach Salzburg fährt. Ich lasse mich korrigieren, ich ändere meine Meinung und ändere die Richtung. Ich steige um und fahre nun in die entgegengesetzte Richtung. Das Ziel meiner Umkehr ist jedoch nicht nur »umzukehren«, sondern Hannelore zu treffen und sie zu umarmen. Und so ist es mit Jesus. Die Umkehr zu ihm ist notwendig, aber sie ist nicht das Ziel. Das Ziel ist, in Gemeinschaft mit ihm zu leben und ein Leben lang zu lernen, aus seiner Kraft richtig zu denken und zu handeln.

Immer wieder treffe ich Menschen, die durch eine Umkehr und die damit gewonnene Gemeinschaft mit Jesus ein völlig neues Leben bekommen haben. Dazu will ich alle Menschen einladen. Denn, wie der Prophet Jesaja sagt: »*Durch Umkehr und durch Ruhe werdet ihr gerettet. In Stillsein und in Vertrauen ist eure Stärke. Aber ihr habt nicht gewollt*« (Jesaja 30,15; ELB). – Möge der letzte Satz nicht auf uns zutreffen.

Durch Umkehr und durch Ruhe werdet ihr gerettet. In Stillsein und in Vertrauen ist eure Stärke.

Wenn Abhängigkeit frei macht

Für mich war Abhängigkeit immer das Gegenteil von Freiheit. Abhängigkeit bewertete ich als Schwäche, Unabhängigkeit als eine Tugend. Allerdings habe ich über die Jahre gelernt, dass die Abhängigkeit im Verhältnis zu Gott frei machen kann.

Ich habe gelernt, dass die Abhängigkeit im Verhältnis zu Gott frei machen kann.

Seit einigen Jahren führe ich erlebnispädagogische Wochen mit sogenannten »trockenen Alkoholikern« durch. An einem Abend erklärte ich den Teilnehmern, dass der Glaube an Gott gleichbedeutend sei mit einer totalen Abhängigkeit von ihm. Das erregte die Gemüter der Zuhörer sehr. Ein Teilnehmer war fast erbost über diese Botschaft und machte mir klar, dass er sein Leben lang vom Alkohol abhängig gewesen war und diese Abhängigkeit sein Leben beinahe zerstört hatte. Nun würde ich ihm eine Abhängigkeit predigen, wo er doch gerade mit größter Mühe seine alte Abhängigkeit vom Alkohol überwunden hatte. Für ihn war Abhängigkeit ausschließlich etwas Negatives. Etwas, das er um jeden Preis vermeiden wollte.

Am nächsten Morgen gab ich den Tagesplan bekannt, teilte Klettergurte, Karabiner, Helme und Seile aus. Wir gingen in einen Klettergarten. Dort angekommen, wurde die notwendige Knotentechnik erklärt, die Handhabung des Seils usw. Und bald hing auch jener Mann im Seil, der sich nie mehr von irgendjemandem oder irgendetwas abhängig machen wollte. Als er so im Seil hing und richtig Spaß am Abseilen fand, fragte ich ihn, ob ihm bewusst sei, dass er in diesem Moment total abhängig sei vom Seil und von mir. Er bejahte diese Frage. Ich fragte ihn weiter: »Und, ist es bedrohlich, diesem Seil und mir so völlig ausgeliefert zu sein?« Er antwortete: »Nein, überhaupt nicht. Denn ich weiß, dass das Seil hält, und ich weiß, dass ich dir vertrauen kann!« Ich nahm mein Messer heraus, setzte es ans Seil und bot ihm ein völlig unabhängiges Leben an. Ich erinnerte ihn an den vorangegangenen Abend, als er felsenfest davon überzeugt gewesen war, dass jede Abhängigkeit kaputt macht und nur Unabhängigkeit zum Leben verhilft. Und so fragte ich ihn, ob er nun gerne als »Abhängiger« oder als »Unabhängiger« den Tag beenden wollte. Zum einen verstand er natürlich meinen Scherz mit dem Messer und konnte herzlich darüber lachen, zum anderen hatte er jedoch eine tiefe, geistliche Wahrheit verstanden.

Das heißt: Ob eine Abhängigkeit positiv oder negativ, vernichtend oder lebensrettend ist, hängt davon ab, von wem ich abhängig bin. Abhängigkeit vom Alkohol zerstört ein Leben. Aber die Abhängigkeit von einem Kletterseil und von einer zuverlässigen und sichernden Begleitung ermöglicht es uns erst, uns frei am Felsen zu bewegen. Nur in dieser Abhängigkeit können Kletterer sich am Fels selbst verwirklichen. Sich vom Seil loszuschneiden würde nicht Freiheit bedeuten, sondern den Tod.

> Ob eine Abhängigkeit positiv oder negativ ist, hängt davon ab, von wem ich abhängig bin.

Genauso ist es mit Jesus Christus: Ihn wegzuerklären bedeutet nicht Unabhängigkeit, sondern Orientierungslosigkeit. Abhängigkeit von einem liebenden, fürsorglichen Gott ist nicht bedrohlich, sondern lebensrettend. Der Mensch ist erst dann richtig Mensch, wenn er in einer völligen Abhängigkeit von seinem Schöpfer lebt und ihm vertraut. Denn ob eine Abhängigkeit für uns positiv oder negativ, vernichtend oder lebensrettend ist, hängt davon ab, von wem wir abhängig sind.

Von Neuem geboren werden – was heißt das?

Die Wiedergeburt ist das Allerschönste, was einem Menschen passieren kann, aber es ist zugleich das größte Ärgernis des Christentums, es ist die härteste Rede Jesu. Die Rede von der Wiedergeburt treibt einen Menschen entweder in die liebenden Arme Gottes oder sie verwirrt und ärgert ihn. Das sieht man deutlich in der Begegnung Jesu mit Nikodemus (Johannes 3,1-21). Nikodemus war – im Vergleich zu anderen Menschen – ein ehrlicher und religiöser Mensch. Aber das Wort Jesu über eine neue Geburt brachte ihn völlig aus der Fassung. Er war sprachlos. Hätte Jesus zu diesem religiösen Mann gesagt: »Nikodemus, du betest dreimal am Tag. Das ist gut, aber versuche fünfmal zu beten. Lies öfter deine Bibel, faste ab und zu und gib den Armen etwas mehr Geld!« Hätte Jesus so geredet, wäre Nikodemus als aufrichtiger, religiöser Mensch fröhlich nach Hause gegangen und hätte gesagt: »Dieser Jesus hat mich durchschaut, ich tue wirklich zu wenig für Gott. Aber ich werde mich anstrengen, es ab morgen besser zu machen!« Als aber Jesus darüber sprach, dass er von Neuem geboren werden muss, war er verwirrt.

Die Rede von der Wiedergeburt treibt einen Menschen entweder in die liebenden Arme Gottes oder sie ärgert ihn.

So ist es geblieben bis zum heutigen Tag. Für den natürlichen Menschen gibt es kaum etwas anderes am Christentum, das so anstößig und unverständlich ist wie die Wiedergeburt. Ich persönlich finde es nicht schwer, mit Menschen über Gott und Religion zu reden. Wenn ich jemandem ans Herz lege, wieder mal in die Kirche zu gehen, ab und zu die Bibel zu lesen, sich auf christliche Werte zu besinnen oder Geld für die hungernden Kinder in Afrika zu geben, stoße ich meist auf Verständnis. Wenn ich jedoch darüber rede, dass sie »von Neuem geboren werden müssen«, sind sie genauso stutzig wie Nikodemus vor 2000 Jahren. Es irritiert und verärgert sie. Solange ein Pfarrer über Sünde predigt und ernsthaft und ergreifend über Gott und die Welt spricht, haben die Menschen nichts an ihm auszusetzen. Sobald der Pfarrer jedoch über Umkehr und Wiedergeburt redet, findet man plötzlich viel an ihm auszusetzen.

Das Wort Jesu gilt jedoch nach wie vor: »*Wenn jemand nicht von Neuem geboren wird, kann er das Reich Gottes nicht sehen!*« (Johannes 3,3; ELB). Solange man über das Thema Wiedergeburt nur redet, bleibt es ein Ärgernis. Sobald ein Mensch die Wiedergeburt selbst erfährt, ist es das größte Wunder, das er erleben kann.

Sobald ein Mensch die Wiedergeburt selbst erfährt, ist es das größte Wunder, das er erleben kann.

Durch die Wiedergeburt wird ein Mensch zu einer neuen Schöpfung. Das ganze Wesen des Menschen wird durch die Kraft des Heiligen Geistes verändert. Ein Mensch, der von Gott wiedergeboren wird, erhält ein völlig neues, ein zusätzliches Leben. Es ist eine »Geburt von oben«, die es dem Menschen erst wieder ermöglicht, richtig mit Gott zu kommunizieren. Es ist der Beginn eines neuen Lebens. Ein solcher Mensch wird mit der Realität Jesu Christi so konfrontiert, dass er mit Gewissheit sagen kann: »Jesus ist auferstanden und er lebt. Jesus ist Gottes Sohn. Jesus ist für mich und meine Sünde gestorben. Jesus ist der einzige Weg zu Gott. Ich weiß, woher ich komme, ich weiß, wozu ich da bin, und ich weiß, wohin ich einmal gehe.« Dieses Erkennen und Bewusstwerden spielt sich aber nicht nur im Verstand ab, sondern zutiefst im Herzen. Wahrheiten, die ich vorher unter Umständen verstandesmäßig akzeptiert habe, werden nun Realität.

Wie genau geschieht die Wiedergeburt? – Jesus sagte dazu: »*Der Wind weht, wo er will. Du hörst ihn zwar, aber du kannst nicht sagen, woher er kommt oder wohin er geht. So kannst du auch nicht erklä-*

ren, wie die Menschen aus dem Geist geboren werden« (Johannes 3,8; NLB). Niemand von uns hat jemals den Wind gesehen, aber wir kennen seine Wirkung, wir spüren, dass er da ist. Wir glauben an den Wind, obwohl wir ihn nicht sehen können. So ist es auch mit der Wiedergeburt. Wir können sie nicht erklären, aber wir sehen die Wirkung in einem Menschenleben. Die Wiedergeburt ist eine erfahrbare Realität.

Was muss ich tun, um wiedergeboren zu werden? – Ich muss mich nur im Vertrauen an Jesus wenden, Buße tun – d.h. zu ihm umkehren – und Jesus als meinen Herrn und Heiland annehmen. Folgendes Gebet mag dir dabei eine Hilfe sein:

»Herr Jesus Christus, ich brauche dich! Ich habe bisher mein Leben selbst bestimmt. Ich habe gegen dich gesündigt. Bitte vergib mir meine Schuld. Ich gebe dir jetzt mein Leben mit Leib, Seele und Geist – mit Vergangenheit, Gegenwart und Zukunft. Übernimm die Herrschaft in meinem Leben und verändere mich so, wie du mich haben möchtest. Amen!«

Ich gebe dir jetzt mein Leben mit Leib, Seele und Geist – mit Vergangenheit, Gegenwart und Zukunft.

Wie weiß ich, ob ich wiedergeboren bin oder nicht? – Eines der sichersten Zeichen, dass ein Mensch den Geist Gottes in sich hat, ist, dass er anfängt nach dem Willen Gottes zu fragen. Ein Mensch, der wiedergeboren ist, fragt immer wieder neu, was Gott mit seinem Leben vorhat. Außerdem entdeckt er, dass Beten keine religiöse Pflicht ist, sondern er beginnt, sich nach der Gegenwart Gottes zu sehnen. Er hat einen »Draht zu Gott« und freut sich an seiner Gegenwart.

Lebendige Hoffnung – Wunsch oder Wirklichkeit?

Wir Menschen hoffen eigentlich immer etwas: dass die Gehaltserhöhung bald kommt oder dass wir gesund bleiben. Doch gibt es Hoffnung, die über diesen alltäglichen Horizont hinausreicht?

Vor Jahren war ich mit einer Gruppe von Studierenden auf einer Berghütte. Ich gab dort einen biblischen Impuls. Nach dem Vortrag kam ein Mitarbeiter der Hütte auf mich zu und sagte: »Ich finde es sehr nett von dir, dass du diesen Leuten ein bisschen Hoffnung geben möchtest.« Ich erwiderte: »Weißt du, ich gebe ihnen nicht ein bisschen Hoffnung. Ich gebe ihnen Gewissheit.« Der Mann war wie vor den Kopf geschlagen. Er konnte meine Bemerkung einfach nicht einordnen und empfand sie als arrogant. Hoffnung könne doch nichts Sicheres sein, meinte er; Hoffnung sei doch etwas Vages und Unbestimmtes. Natürlich: Jeder Mensch hat gewisse Hoffnungen, das gehört schließlich zu unserem Wesen. Hoffnung tröstet uns, Hoffnung gibt uns die Kraft weiterzumachen. Aber reicht unsere Hoffnung auch über das Grab hinaus? Die entscheidende Frage ist doch, ob wir eine zeitlich begrenzte Hoffnung haben oder eine lebendige, bleibende Hoffnung.

Die entscheidende Frage ist doch, ob wir eine zeitlich begrenzte Hoffnung haben oder eine lebendige, bleibende Hoffnung.

Was ist Hoffnung? Würde man eine Straßenumfrage starten, kämen in etwa folgende Antworten: »Ich hoffe halt auf ein etwas besseres Leben.« – »Ich hoffe auf ein höheres Einkommen.« – »Ich hoffe auf ein Abenteuer in meinem Leben.« Aber was passiert, wenn alle Erwartungen enttäuscht werden? Was, wenn das Ende kommt und nichts von dem sich im Leben erfüllt hat? Wo bleibt da die Hoffnung?

Viele Sprichwörter zählen hoffende Menschen zu einer aussterbenden Spezies. Ein russisches Sprichwort proklamiert: »Auf der Wiese der Hoffnung wandern viele Narren.« Ein deutsches Sprichwort meint: »Hoffen und harren macht viele zu Narren.« Der Schriftsteller Alexander Pope hat einmal gesagt: »Gesegnet ist der Mann, der nicht hofft, denn er kann nie enttäuscht werden.« Das ist klassischer Buddhismus. Buddha begann ja seine Suche nach den Antworten des Lebens, indem er das Leben beobachtete. Er sah, wie Leute alt und krank wurden – und schließlich starben. Um eine Antwort auf seine Fragen zu finden, verließ er Familie, Heimat und auch allen materiellen Komfort. Und er fand seine Antwort: Der Grund allen menschlichen Leides seien die menschlichen Wünsche. Weil sich der Mensch immer etwas wünsche, immer etwas erhoffe und dann enttäuscht werde, darum gebe es Leid. Die Antwort Buddhas lautet: Man muss alles Wünschen auslöschen. Dann sind wir im Nirwana, im größtmöglichen Heil. Klassischer Buddhismus ist atheistisch und lehrt, dass die Antwort auf alles Leid in der Auslöschung der Wünsche liegt. Durch Meditation, durch Wandlung der Seele usw. kommt man in diesen erleuchteten Zustand. Die alten Griechen sagten: »Hoffnung ist ein gefährliches und lächerliches Gespenst, das Menschen dazu treibt, nach dem Unerreichbaren zu jagen.« Bei ihnen gab es im religiösen Bereich das Wort Hoffnung überhaupt nicht.

Welt ohne Hoffnung

Nun, und was sagt die Bibel dazu? Um ehrlich zu sein: Die Bibel bestätigt eigentlich die Griechen! Die Bibel sagt nämlich auch, dass es in dieser Welt keine Hoffnung gibt. Im Alten Testament lesen wir: *»Doch dann dachte ich nach über alle meine Taten, die meine Hände vollbracht hatten, und über den Besitz, für den ich mich bei diesem Tun angestrengt hatte. Das Ergebnis: Das ist alles Wind-*

hauch und Luftgespinst« (Prediger 2,11; EIN). Der Apostel Paulus schrieb an die Gemeinde in Ephesus: *»Ihr hattet keine Hoffnung und lebtet ohne Gott in der Welt«* (Epheser 2,12; EIN). Und an anderer Stelle meinte Paulus: *»Wenn wir unsere Hoffnung nur in diesem Leben auf Christus gesetzt haben, sind wir erbärmlicher daran als alle anderen Menschen«* (1. Korinther 15,19; EIN).

Unter dieser Sonne und in dieser Welt gibt es keine lebendige Hoffnung. Warum? Aus einem ganz einfachen Grund: Mit 20 Jahren hatten wir noch Hoffnungen und Träume. Wir glaubten dieses oder jenes zu erreichen. Und jetzt sind wir 30, 40, 50 oder älter und merken: »Wir werden das Gewünschte nie erreichen – es ist vorbei.« Noch schlimmer ist freilich der dran, der mit 20 seine menschlichen Träume und Hoffnungen lebte und sie mit 40 Jahren alle erfüllt hat. Den hat es wirklich bitter erwischt. Denn er ist 40 Jahre alt, und es hat sich alles erfüllt, was er sich vordergründig erhoffte. Aber nun muss er erkennen: »Da ist nichts!« Woody Allen, der erfolgreiche Filmemacher, wurde einmal gefragt: »Was hättest du gerne als 18-Jähriger gewusst, was dir damals noch nicht bekannt war?« Er antwortete: »Ich hätte gerne gewusst, dass man am Ende der Erfolgsleiter, ganz oben, feststellt: Da ist nichts.«

»Wenn wir unsere Hoffnung nur in diesem Leben auf Christus gesetzt haben, sind wir erbärmlicher daran als alle anderen Menschen.«

Warum ist das Leben so? Warum bietet es keine Erfüllung, selbst wenn die Menschen ganz offensichtlich Erfolg haben? In der Bibel finden wir die Antwort: *»Gott hat die Ewigkeit in ihr Herz gelegt«* (Prediger 3,11; ELB). Das ist der Schlüssel. Unser Herz schreit nach Ewigkeit, wir sind so gemacht. Und darum können wir in diesem Leben so erfolglos oder erfolgreich sein wie wir wünschen – es wird uns nie ganz erfüllen. Wahren Frieden werden wir nur finden, wenn der ewige Gott unser Herz erfüllt.

Lebendige Hoffnung

Was ist nun lebendige Hoffnung? Ich bin so dankbar, dass ich den Rest meines Lebens nicht damit verbringen muss, alle Wünsche auszulöschen. Ich bin so dankbar, dass ich eine andere Option habe. Und ich bin auch dankbar dafür, dass christliche Hoffnung nicht ein billiger Optimismus ist. Es geht nicht um ein paar gute Hoffnungen, es geht um die *eine* Hoffnung, die lebendige Hoffnung. Es geht um die tiefe Überzeugung, dass trotz allen Scheiterns oder allen Erfolgs jemand da ist, der mein Herz füllen kann. Manche antworten mir dann: »Ja, aber das ist ja genauso eine billige Hoffnung – an einen Himmel zu glauben, an einen lebendigen Gott zu glauben. Das ist ein sehr vages Unternehmen.« Nun, ob unser Vertrauen eine ungewisse Sache oder einfach Gewissheit ist, hängt davon ab, auf wen wir unsere Hoffnung setzen.

Ob unser Vertrauen eine ungewisse Sache oder einfach Gewissheit ist, hängt davon ab, auf wen wir unsere Hoffnung setzen.

Ich habe in den letzten 15 Jahren viel gebaut und erhielt so einen gewissen Einblick in verschiedene Branchen. Da arbeiten Dachdecker, Maurer, Installateure und Elektriker. Und es gibt Firmen, die antworten freundlich auf eine Anfrage: »Okay, am Montag kommen wir und fangen an.« Ich habe inzwischen festgestellt: Wenn sie Freitagmittag kommen, ist das super. Ausgemacht war Montag, aber die Firma kommt am Freitag. Dann gibt es andere, denen sage ich: »Montag beginnen wir um 8 Uhr.« Dann weiß ich: Um 5 Minuten vor 8 sind sie da. Nun liegt es bei mir: Telefoniere ich mit der Firma, die sagt, sie komme am Montag und die dann doch erst am Freitag vor der Tür steht? Ich kann ja trotzdem hoffen, dass sie tatsächlich am Montag kommen. Natürlich waren sie auch schon einmal pünktlich, aber diese Hoffnung ist ziemlich vage, weil ich weiß, in wen ich meine Hoffnung setze. Wenn ich die andere Firma anrufe und sage: »Montag 8 Uhr«, dann ist meine Hoffnung keine vage Hoffnung, sondern dann weiß ich: Es wird so sein – es sei denn, es geschieht eine Katastrophe. Der Unterschied zwischen den beiden Optionen ist also das Objekt, das Gegenüber, dem ich mein Vertrauen schenke.

Weshalb ist nun christliche Hoffnung eine lebendige und begründete Hoffnung? Weil ich den kenne, in den ich mein Vertrauen setze! In 2. Timotheus 1,12 sagte der Apostel Paulus: »... *ich schäme mich nicht, denn ich weiß, wem ich geglaubt habe«* (ELB) – d. h. »*ich weiß, wem ich Glauben geschenkt habe«* (EIN). Übrigens sagte der Apostel nicht: »welcher *Theologie* ich geglaubt habe« oder »*was* ich geglaubt habe«, sondern: »ich weiß, *wem* ich geglaubt habe«. In Hebräer 10,23 werden wir aufgefordert, an dieser Hoffnung, zu der wir uns bekennen, festzuhalten und uns durch nichts davon abbringen zu lassen. Warum? – Du kannst dich felsenfest auf die von Gott zugesagte Hoffnung verlassen, »*denn er ist treu, der sie verheißen hat«* (Hebräer 10,23; LUT). Gottes Treue zu seinem Wort und zu seinen Verheißungen finden wir sehr oft in der Bibel bezeugt (z. B. 1. Korinther 1,9; 1. Thessalonicher 5,24; Hebräer 4,14). Er, der es gesagt hat, ist treu. Und wir wissen, in wen wir die Hoffnung setzen. Weil wir den kennen, auf den wir hoffen: einen Gott, der nicht lügen kann. Übrigens: Gott kann nicht alles. Gott ist beschränkt, denn es gibt eine Sache, die er nicht kann: Er kann nicht lügen! Die Bibel sagt nicht nur: »Er wird nicht lügen, er lügt nicht.« Nein, er *kann* es nicht. So wie umgekehrt Satan niemals die Wahrheit sagen kann. Satan kann nur lügen. Gott kann nur die Wahrheit sagen. Das Objekt meines Glaubens ist verlässlich!

Hoffnung durch Jesu Auferstehung

Gleichzeitig hängen mein ganzer Glaube und meine Hoffnung von einer ganz bestimmten Sache ab – nämlich ob Jesus Christus von den Toten auferstanden ist oder nicht. Das ist der Schlüssel. Der

Apostel Paulus sagte deshalb: *»Wenn aber Christus nicht auferweckt ist, so ist euer Glaube nichtig, so seid ihr noch in euren Sünden. Also sind auch die, welche in Christus entschlafen sind, verloren gegangen. Wenn wir allein in diesem Leben auf Christus gehofft haben, so sind wir die elendesten von allen Menschen«* (1. Korinther 15,17-19; ELB).

Wenn Christus nicht auferstanden ist, dann ist dieser Artikel ein völliger Unsinn und ich bin ein Verführer. Wenn Christus nicht von den Toten auferstanden ist, dann bin ich als Christ tatsächlich bedauernswerter als alle anderen Menschen. Aber wenn er auferstanden ist, dann ist alles, was ich jetzt schreibe, die Wahrheit. Wenn Christus auferstanden ist, dann habe ich eine lebendige Hoffnung. Jemand sprach mich mal nach einem Vortrag an: »Wenn das, was du heute gesagt hast, nicht die Wahrheit ist, dann zählt es überhaupt nicht. Aber wenn das, was du heute gesagt hast, die Wahrheit ist, dann zählt sonst überhaupt nichts mehr.« Das ist lebendige Hoffnung. Und das Schöne an dieser Hoffnung ist: Niemand kann sie uns mehr rauben, *»weil im Himmel die Erfüllung eurer Hoffnung für euch bereitliegt«* (Kolosser 1,5; EIN). Im Himmel also und nicht auf dieser Welt, in der himmlischen Wirklichkeit und nicht nur in mir und meinem eigenen Wünschen. Ich habe eine Hoffnung, die geht über den Tod hinaus. Selbst, wenn ich sie hier durch Zweifel und Anfechtung zu verlieren drohe, ist sie da oben aufgehoben.

Wenn das, was du heute gesagt hast, die Wahrheit ist, dann zählt sonst überhaupt nichts mehr.

Im Hebräerbrief lesen wir: Auch Gott hat sich mit einem Eid für die Zuverlässigkeit seiner Zusage verbürgt. Er wollte denen, die das versprochene Erbe bekommen sollen, unmissverständlich klarmachen, dass nichts seinen Plan umstoßen kann. Nun ist es zwar sowieso unmöglich, dass Gott lügt, doch hier hat er sich gleich in doppelter Weise festgelegt – durch die Zusage und durch den Eid, die beide unumstößlich sind. Das ist für uns eine starke Ermutigung, alles daranzusetzen, um das vor uns liegende Ziel unserer Hoffnung zu erreichen. Diese Hoffnung ist unsere Zuflucht; sie ist für unser Leben ein sicherer und fester Anker (nach Hebräer 6,17-19; LUT).

Es gibt eine schottische Erzählung, die in etwa so geht: Eine alte Frau, bekannt als Nannerl, lebte allein in einer Hütte in Schottland. Sie war arm und ans Bett gebunden, aber sie war sehr reich im Glauben. Ein junger Pfarrer besuchte das alte Nannerl regelmäßig – mehr zu seinem eigenen Nutzen als zu ihrem. Einmal dachte sich der Pfarrer: »Heute werde ich das Nannerl versuchen. Ich werde mal schauen, wie stark ihr Glaube wirklich ist.« Und so sprach er zu der alten Frau: »Nannerl, nehmen wir einmal an, dass trotz all deines Glaubens, trotz deines Vertrauens, trotz deiner Gebete, dich Gott zum Schluss doch verstoßen wird. Was dann?« Die alte Frau stützte sich auf ihre Ellenbogen, schaute dem jungen Pfarrer in die Augen und sagte: »Du bist auch noch nicht allzu weit gekommen. Warum sollte Gott mich verstoßen? Wenn Gott mich verstößt, dann ist Gott der größte Verlierer. Das alte Nannerl würde seine Seele verlieren und das wäre tragisch. Aber Gott würde seinen Charakter verlieren. Denn Gott weiß, dass ich meine Seele und meine ganzen Hoffnungen auf seine Versprechen gebaut habe. Und sollten die gebrochen werden, dann wäre Gott ein Lügner; dann würde wohl das Universum zusammenbrechen. Ich sage dir eins: Wenn Gott mich verstieße, wäre Gott der größere Verlierer. Denn dann hätte er sein Wort gebrochen und wäre ein Lügner. Darum bin ich gewiss und stehe fest – nicht meinetwegen, sondern wegen seines Wortes.«

Diese Hoffnung ist unsere Zuflucht; sie ist für unser Leben ein sicherer und fester Anker.

Eine andere Geschichte erzählt von einem gläubigen Juden, der Jesus Christus als Messias erkannt hatte. Dieser Mann war ein Gärtner. Eines Tages wurde er krank. Der Arzt kam und sagte ihm: »Lieber Freund, Sie sind schwer krank, Ihr Leben ist in höchster

Gefahr.« Daraufhin schaute der Gärtner den Doktor an und meinte: »Wie kann das denn sein? Wie kann mein Leben in großer Gefahr sein? Gott ist mein Vater, der Herr Jesus ist mein Retter und der Himmel meine Heimat. Ich verstehe Sie nicht ganz. Mein *Leben* ist nicht in Gefahr!«

Darum bin ich gewiss und stehe fest – nicht meinetwegen, sondern wegen seines Wortes.

Jesus Christus ist derselbe gestern, heute und in alle Ewigkeit. Und eins weiß ich: Jesus ist kein Lügner! Wenn ich sein Wort lese und wenn ich mit ihm lebe, fallen mir trotzdem viele Dinge schwer und ich habe meine Zweifel. Aber eines kann ich nicht: Gott einen Lügner nennen. Denn das widerspricht allem, was ich erfahre und über ihn weiß. Die Hoffnung in Gott habe ich als einen festen und sicheren Anker. Was auch geschehen mag auf dieser Welt und mit mir, eins weiß ich: Ich bin sicher und geborgen, denn ich habe eine lebendige Hoffnung und keine tote Hoffnung. Ich habe eine Hoffnung, die über den Tod hinausreicht – nicht nur für dieses Leben.

Leben zur Ehre Gottes

Was mich beeindruckt

Als ich noch jünger war – inzwischen bin ich auch schon 50, was ja nicht mehr ganz jung ist –, als ich aber noch jünger war, haben mich Männer beeindruckt, die stark, fähig und selbstständig waren. Männer, die etwas auf die Beine stellen konnten, haben mich fasziniert. Allerdings hat sich das über die Jahre gewandelt, ohne dass ich diese Qualitäten nun für falsch hielte. Aber was mich heute beeindruckt, sind vielmehr Männer, die barmherzig, ehrlich und demütig sind. Von denen möchte ich lernen, und die imponieren mir.

Als Menschen, die die Bibel – d. h. Gott und sein Wort – ernst nehmen, glauben wir ja, dass der Mensch nicht dazu geschaffen ist, allen Ruhm auf sich selbst zu beziehen und alle Ehre für sich zu suchen. Denn als Christen haben wir gelernt, dass wir Gott die Ehre geben sollen und auch anderen Menschen Ehre gönnen sollen, anstatt ständig nur an unser eigenes Ansehen zu denken. Wenn uns Ruhm und Ehre zuteilwerden – was ja nicht schlecht, sondern durchaus schön ist –, dann ist es für uns als Christen naheliegend zu sagen: »Danke für das Kompliment – lieb von dir! Aber ich will Gott dafür danken, dass er mich dazu befähigt hat. Ich will die Ehre weiterleiten.« Wir freuen uns über Komplimente und Applaus und geben sie gleichzeitig weiter an den, dem sie unserer Überzeugung nach gebühren. Corrie ten Boom hat das einmal so schön ausgedrückt: »Wenn ich einen Blumenstrauß geschenkt bekomme, dann bedanke ich mich dafür und reiche die Blumen weiter an Jesus.«

Ich bedanke mich und reiche die Blumen weiter an Jesus.

Ganz unabhängig davon, wie wir bisher zur Bibel und zum Glauben gestanden haben, werden wir uns bei den folgenden Beobachtungen wohl einig sein, weil wir alle dabei eine gemeinsame Erfahrung machen. Wir alle kennen Menschen, die sehr viel über sich selbst reden. Sie reden darüber, was sie alles geleistet und in ihrem Leben vollbracht haben. Sie zeigen gern ihre schöne Frau oder Freundin her. Sie sprechen gern darüber, wie klug und erfolgreich ihre Kinder sind. Sie schwärmen gern davon, wie groß ihr Haus und Heim ist, das sie sich geschaffen haben. Sie heben gern hervor, welch einflussreiche Menschen sie kennen und mit wem sie in Kontakt stehen. Und wenn sie fertig sind mit ihrer Selbstdarstellung, dann mögen sie noch sagen: »So, jetzt habe ich genug über mich geredet; was hältst *du* eigentlich von mir?«

Wir alle kennen Menschen, die sehr viel über sich selbst reden.

Wir alle kennen solche Leute, und wir sind uns wohl darin einig, dass wir uns mit solchen Menschen schwertun, denn sie gehen uns mit der Zeit auf die Nerven. Manche, die ständig über sich selbst reden, mögen tatsächlich viel geleistet haben, aber wir zögern, ihnen zu sagen: »Wow, es ist gewaltig, was du da geschafft hast und was dir da gelungen ist!« Denn dann beginnen sie mit ihrer Selbstdarstellung von Neuem und reden für den Rest des Abends nur noch davon, was für gewaltige Typen sie sind. Die Tochter sei die Klassenbeste, der Sohn gewinne alle Skirennen, die zweite Tochter sei die Allerschönste … Jedes Mal, wenn du irgendeine Geschichte erzählst, hat er noch eine bessere auf Lager.

Aber nun kommt der Punkt: Nichts von dem, was solche Menschen tun oder haben, beeindruckt uns. Wir sind nur froh, wenn wir sie loswerden und sie weiterziehen. Es ist völlig egal, wie schön ihre Freundin, wie schnell ihr Auto und wie groß ihre Firma ist – solche Menschen nerven einfach. Und wisst ihr warum? Weil sie andauernd versuchen, sich selbst die Ehre zu geben. Menschen, die ständig alle Ehre auf sich ziehen wollen und immer im Mittelpunkt stehen müssen, werden zunehmend unattraktiver, egal wie viel sie schaffen und haben. Und das ist das Paradox: Ein Mensch, der sich selbst die Ehre gibt, versucht, sich selbst größer zu machen, tatsächlich aber wird er immer kleiner. Kein Mensch will freiwillig in seiner Gegenwart sein. Denn niemand würde sagen: »Ich freue mich auf ein Wochenende mit Hans/Franz/Sepp, weil er andauernd nur von sich selbst redet – und das wird wieder so richtig schön und nett werden.« Wir sind wohl oft mit solchen Menschen zusammen, wenn wir es aus beruflichen oder anderen Gründen nicht vermeiden können, aber ansonsten sind wir froh, nichts mit ihnen zu tun zu haben.

Alles durch Christus

Als an Christus Glaubende wissen wir, dass alle Talente, alles Können, alle großen Leistungen und alles Durchhalten in Wahrheit Geschenk und Gabe Gottes sind. Mit Jakobus 1,17 bekennen wir, dass jede gute Gabe und jedes vollkommene Geschenk von oben kommen; wir haben sie uns nicht selbst gegeben, sondern unser himmlischer Vater. In 5. Mose 8,17 f. wurden die Israeliten von Gott ermahnt, sie sollten nicht in ihrem Herzen sagen: *»Meine Kraft und die Stärke meiner Hand hat mir dieses Vermögen verschafft! Sondern du sollst an den Herrn, deinen Gott, denken, dass er es ist, der dir Kraft gibt, Vermögen zu schaffen«* (ELB). Mit anderen Worten, wir haben keinen Euro selbst und unabhängig von Gottes Geben verdient. Ich habe meine Hand, mit der ich arbeite und schreibe, nicht selbst gemacht, sie ist mir geschenkt worden. Die Füße, mit denen ich Ski fahren kann, habe ich auch nicht selbst gemacht, sie sind ein Geschenk. Die Augen, mit denen ich sehen kann, sind ein Geschenk von oben. Mein Gehirn und meinen Verstand, durch die ich klug und diszipliniert

Du sollst an den Herrn, deinen Gott, denken, dass er es ist, der dir Kraft gibt, Vermögen zu schaffen.

leben kann, habe ich mir nicht selbst erschaffen, sie sind eine Gabe. Es ist alles Geschenk!

Wenn wir mit Jesus zu leben lernen, lernen wir bewusst oder unbewusst zugleich, bei Erfolg und Gelingen die Ehre letztlich Gott zu geben und sie nicht bei uns selbst zu behalten. Diese Lektion hätte ich persönlich, glaube ich, nicht einmal ansatzweise gelernt, wenn ich nicht gläubig geworden wäre. In meinem Stolz und Hochmut hätte ich mir wohl immer nur selbst gratuliert – und wäre dabei immer kleiner geworden. Darum habe ich am Anfang gesagt, dass mich zwar früher fähige und erfolgreiche Männer beeindruckten, jetzt aber zunehmend Persönlichkeiten, die barmherzig, ehrlich und demütig sind. Mich faszinieren Menschen, die die Ehre weitergeben können.

Wenn wir mit Jesus zu leben lernen, lernen wir, die Ehre letztlich Gott zu geben und sie nicht bei uns selbst zu behalten.

Ein Beispiel dafür hörten wir bei den Olympischen Spielen in London 2012, als Gabby Douglas, die US-amerikanische Kunstturnerin, zwei Goldmedaillen gewann. Im Interview sagte sie vor Millionen Zuschauern vor den Fernsehern und vor Ort: »Eine Olympia-Siegerin zu sein ist ein unglaubliches Gefühl. Ich gebe Gott alle Ehre. Das ist eine Art Win-Win-Situation. Die Ehre steigt auf zu ihm, und der Segen fällt herab auf mich. Alles in mir soll Gott preisen, auf dass ich niemals vergesse, was er mir alles Gutes getan hat.« Als die Christen das im Fernsehen hörten, jubelten sie im Herzen. Als die Atheisten das hörten, sagten sie: »Warum bringt sie Gott ins Spiel? Was hat Gott mit ihrer Leistung zu tun?« Und sie ärgerten sich. Warum sagte Gabby Douglas das? Weil sie als Christin glaubt, dass die Ehre für alles, was wir sind und tun, letztlich Gott gebührt.

Wir wissen, dass wir ohne Gott gar nichts tun könnten! Wir glauben, dass wir empfangene Ehre nicht für uns beanspruchen, sondern an den weitergeben sollen, dem sie als Schöpfer und Herrn gebührt. Wir sind als Geschöpfe dazu geschaffen, empfangene Ehre und Anerkennung dem widerzuspiegeln, dem wir alles verdanken. Einigen von uns ist vielleicht bewusst, dass der wahrhaft begabte und kreative Johann Sebastian Bach am Ende jedes seiner Werke schrieb: S. D. G. – *Soli Deo Gloria* – Allein Gott die Ehre!

Wir sind als Geschöpfe dazu geschaffen, empfangene Ehre und Anerkennung dem widerzuspiegeln, dem wir alles verdanken.

Zwischenmenschlich gebrauchen wir gelegentlich die Redewendung: »Eigenlob stinkt!« Aber dies gilt durchaus auch in Bezug auf unsere Beziehung zu Gott. Die Bestimmung des Menschen ist nicht, Ehre, Lob und Anerkennung bei sich selbst zu horten und egoistisch festzuhalten, bis es »stinkt«. Ein Wohlgeruch werden Lob und Ehre, wenn wir sie teilen und weiterleiten können.

Gott die Ehre geben

In der Bergpredigt sprach Jesus seinen Jüngern zu, das Licht der Welt zu sein (Matthäus 5,14; LUT). Wie eine Stadt auf einem Berge nicht verborgen sein kann und niemand ein Licht anzündet, um es dann »unter den Scheffel zu stellen«, so sollen die, die Jesus beauftragt und bevollmächtigt, ihr Licht vor den Leuten leuchten lassen, damit sie ihre guten Werke sehen (Matthäus 5,15 f.; LUT). Interessant ist nun aber der Nachsatz. Was sollen die Menschen sehen, erkennen und daraus schließen? *»Damit sie euren Vater im Himmel preisen!«* Das ist Sinn und Ziel des Zeugnisses vor der Welt. Die Menschen sollen die guten Werke sehen und auf den Ursprung und die Quelle des vorbildlichen Wirkens schließen – auf den himmlischen Vater in seiner bewundernswerten Güte.

Es gibt eine Frage, die du dir bei wesentlichen Entscheidungen stellen kannst, und zu der ich dich ermutigen möchte. Wenn du vor einer Weggabelung stehst, wenn du weißt, dass du jetzt entweder in die eine oder in die andere Richtung gehen kannst, dann frage dich an dem Punkt: »Bringt das, was ich tue, Gott Ehre? Wird Gott geehrt, wenn ich so handle? Freut sich Gott, wenn ich mich so entscheide?« Für mich ist das ein ganz wesentlicher Maßstab. Es bedeutet viel mehr, als nur zu fragen, was »richtig« oder »falsch« ist. Ich kann nämlich fast immer Gründe dafür finden, warum etwas richtig und geboten ist; und ich kann dir fast immer ein Gegenargument bieten, wenn etwas angeblich falsch sein soll. Aber wisst ihr, wann es viel konkreter und verbindlicher für mich wird? Wenn ich frage: »Gott, was bringt dir die Ehre? Was macht dir Freude? Was verherrlicht dich? Das will ich tun!« Würden wir uns diese Fragen vor gewichtigen Entscheidungen stellen – wir würden viel weniger unkluge Entscheidungen bereuen müssen.

»Gott, was bringt dir die Ehre? Was macht dir Freude? Was verherrlicht dich? Das will ich tun!«

Halten wir also fest: Menschen, die sich selbst applaudieren und damit versuchen, größer zu werden, werden eigentlich immer kleiner. Auf der anderen Seite gilt: Menschen, die den Applaus nicht für sich selbst behalten, sondern weitergeben und reflektieren, das sind wahrhaft strahlende, schöne und attraktive Menschen. Sie erweisen ihre Größe gerade darin, dass sie nicht auf sich selbst bezogen leben müssen. Sie leuchten wie die Stadt auf dem Berg und strahlen wie das Licht im Dunkeln, sodass andere angezogen werden und sich orientieren können (Matthäus 5,14 ff.; LUT). Wer hätte das eindrücklicher vorgelebt und erwiesen als Jesus selbst, der als der Sohn Gottes alles, was er hatte, losließ und Mensch wurde, um den Willen seines himmlischen Vaters zu tun und ihn zu verherrlichen. Er orientierte sich ganz am Willen und der Verherrlichung seines Vaters – bis hin zu seinem Sterben am Kreuz (Matthäus 26,39.42; Philipper 2,6-11; LUT). *»Darum hat ihn auch Gott erhöht und hat ihm den Namen gegeben, der über alle Namen ist, dass in* *dem Namen Jesu sich beugen sollen aller derer Knie, die im Himmel und auf Erden und unter der Erde sind, und alle Zungen bekennen sollen, dass Jesus Christus der Herr ist, zur Ehre Gottes, des Vaters«* (Philipper 2,9-11; LUT).

Jesus – höchster Name

Malcolm Muggeridge, ein britischer Journalist und Autor (1903-1990), der als Agnostiker schließlich zum christlichen Glauben fand, beschrieb diesen Kontrast in beeindruckender Weise. Er, der das Christentum einst für »einen Haufen Müll und Blödsinn« hielt, kam im Rückblick auf sein Leben und die Geschichte zu einem interessanten Ergebnis: »Wir blicken zurück auf unsere Geschichte, und was sehen wir? Königreiche kommen und gehen, sie haben Reichtümer angehäuft und Reichtümer verschwendet. Ich blicke zurück auf meine eigenen englischen Mitbürger, die einst ein Viertel der Welt beherrschten. Ich habe einem verrückten Österreicher zugehört, der in der ganzen Welt ein tausendjähriges Reich ankündigte. Ich sah einen italienischen Clown, der unser Kalendersystem erneuern wollte, wenn er an die Macht käme. Ich traf einen mörderischen Mann im Kreml, dem die intellektuelle Elite mehr Weisheit als Salomon zuschrieb. Ich sah Amerika reicher an Militärwaffen als die ganze restliche Welt zusammengenommen. Alles während eines menschlichen Lebens – alles weg, verflogen mit dem Wind!«[1]

Königreiche kommen und gehen, sie haben Reichtümer angehäuft und Reichtümer verschwendet.

»England ist heute nicht mehr als der Teil einer kleinen Insel an der Küste Europas. Hitler und Mussolini sind tot – ihre Namen sind

[1] Eigene Übersetzung von Malcolm Muggeridge, But Not of Christ, in: Seeing Through the Eye. Malcolm Muggeridge on Faith, ed. Cecil Kuhne (San Francisco: Ignatius Press, 2005), 29-30.

heute Schimpfwörter. Stalin ist ein verbotener Name in dem Regime, das er mit Gewalt aufzubauen half. Amerika ist geplagt von der Angst, dass das wertvolle Öl zu Ende gehen könnte; gepeinigt von unschönen Erinnerungen an eine katastrophale Kampagne in Vietnam. Alles in einem Leben! Alles in einem Leben aus und vorbei! Und hinter dem Schein dieser selbst ernannten Supermänner der Welt steht die gigantische Figur jener Person, von der, in der und durch welche die Menschheit immer noch Grund zur Hoffnung hat: die Person Jesus Christus. Ich präsentiere ihn als den Weg, die Wahrheit und das Leben!«

»Stellen Sie sich vor, wir hätten vor 2000 Jahren gelebt – damals in Judäa – und hätten eine Wette abgeschlossen: Wer wird die Zukunft dieses Planeten mehr beeinflussen? Das Römische Imperium mit all seinem Glanz und seiner Macht oder ein Zimmermannssohn mit ein paar mittellosen Fischern? Wir hätten alle auf das Römische Reich gesetzt. Und doch: Heute – 2000 Jahre später – geben wir unseren *Kindern* Namen wie Markus, Johannes, Lukas und Maria und unsere *Hunde* nennen wir Cäsar und Nero.«

Was dieser geschichtliche Rückblick von Malcolm Muggeridge so eindrücklich vor Augen führt, ist der Kontrast von menschlichem Größenwahn und wahrer menschlicher Größe in der Orientierung an der Verherrlichung Gottes. Wenn wir Gott die Ehre geben, dann tut sich für uns der Sinn des Lebens auf. Das ist das Geheimnis! Wie oft habe ich früher Lieder gesungen, in denen davon die Rede war, dass wir Gott die Ehre geben. Es klang für mich fromm und kirchlich, ohne dass ich die wirkliche Bedeutung erahnt hätte. Aber wenn ich persönlich erlerne, Gott die Ehre zu geben und den Applaus, den ich bekomme, zu reflektieren und an ihn weiterzuleiten, dann erschließt sich für mich selbst der Sinn des Lebens.

Wenn wir Gott die Ehre geben, dann tut sich für uns der Sinn des Lebens auf.

Jesus-Verherrlichung statt Selbstverherrlichung

Ich lebe nicht nur für mich und aus mir selbst, sondern ich lebe in Beziehungen. Wenn ich andere gelten lasse und den Applaus an andere weitergebe, dann erfüllt sich zugleich der Sinn meines eigenen Lebens, denn das Leben ist Beziehung. Das gilt sowohl in Bezug auf die »horizontalen« Beziehungen zwischen Menschen wie auch – und vor allem – in der Beziehung zu Gott. Und je mehr wir reflektieren und die Ehre anderen geben, desto mehr erweist sich unser eigenes Leben als sinnvoll. Paulus bezeugte es in Galater 2,20: *»Ich lebe, doch nun nicht ich, sondern Christus lebt in mir; denn was ich jetzt in meiner irdischen Existenz lebe, das lebe ich im Glauben an den Sohn Gottes, der mich so sehr geliebt hat, dass er sich selbst für mich dahingegeben hat.«* Christus ist es, dem in allem vollmächtigen und erfolgreichen Wirken des Paulus die Ehre gebührt. Leben *ist* Beziehung. Ein Mensch, der nicht in Beziehung lebt, *existiert* zwar, aber er *lebt* nicht.

Ein Mensch, der nicht in Beziehung lebt, *existiert* zwar, aber er *lebt* nicht.

Wie können wir selbst aber Gott die Ehre geben? Jesus ist unser Vorbild. Dabei möchte ich uns zuerst fragen, was bei Jesus »Selbstverherrlichung« bedeutet? Obwohl wir den Begriff Selbstverherrlichung eher negativ verstehen würden, praktizieren wir diese mehr oder weniger andauernd. So ist es umso faszinierender, wie Jesus über seine eigene Verherrlichung bzw. »Selbst-Verherrlichung« geredet hat. In Johannes 12,23-25 z. B. sagte Jesus über sich als den »Menschensohn«: *»Die Stunde ist gekommen, dass der Menschensohn verherrlicht werde. Wahrlich, wahrlich, ich sage euch: Wenn das Weizenkorn nicht in die Erde fällt und erstirbt, bleibt es allein; wenn es aber erstirbt, bringt es viel Frucht. Wer sein Leben lieb hat, der verliert es; und wer sein Leben auf dieser Welt hasst, der wird's bewahren zum ewigen Leben.«*

Für Jesus bedeutet seine eigene Verherrlichung nicht Erhabenheit und Durchsetzungsvermögen, Sieg und Souveränität – sondern Einsatz und Hingabe für andere bis hin zu der Bereitschaft zu sterben. So definiert Jesus selbst seine eigene Verherrlichung. Wenn wir das Leben Jesu insgesamt betrachten, dann gewinnen wir ein völlig neues Verständnis von Größe, Bedeutung und Erfolg. Danach gründet der wirkliche Erfolg in der eigenen Bereitschaft, loszulassen, zu geben und zu opfern. Jesus wurde in seiner Lebenshingabe bis hin zum Kreuz verherrlicht. Ausgerechnet seine Bereitschaft, sein Leben einzusetzen, erweist ihn als herausragend. Er herrscht, indem er dient. Siegen bedeutet in seinem Fall, dass er am Kreuz stirbt.

Der wirkliche Erfolg gründet in der eigenen Bereitschaft, loszulassen, zu geben und zu opfern.

Nun fuhr Jesus in Johannes 12,26 fort: »*Wer mir dienen will, der folge mir nach; und wo ich bin, da soll mein Diener auch sein. Und wer mir dienen wird, den wird mein Vater ehren.*« Das müssen wir wohl jeden Tag neu durchbuchstabieren, denn das geht gegen unsere alte Natur. Diese tiefe Wahrheit erscheint uns völlig widersprüchlich: Ruhm besteht darin, im Stillen zu lieben. »Cool sein« – die Jungen wollen ja immer cool erscheinen, die Alten von der Sache her übrigens auch – »cool sein« besteht ausgerechnet darin, dass wir zugewandt, hingebungsvoll und freundlich leben. Erhabensein äußert sich in der Fähigkeit, demütig zu leben. Und Verherrlichung ist manchmal am deutlichsten im Leiden zu erkennen. Es sind diese Menschen, die mich am meisten beeindrucken. Es ist diese Art von Menschen, die dieser Welt noch Hoffnung geben.

Ein Beispiel dafür ist der polnische Jude Janusz Korczak (1878-1942), dem im Holocaust-Museum Yad Vashem in Jerusalem ein Denkmal gewidmet ist. Er war ein bekannter Erzieher und Autor pädagogischer Bücher und kümmerte sich während des 2. Weltkriegs um jüdische Waisenkinder in Warschau. Er war zu bekannt, um von den Nazis einfach beseitigt zu werden, und so boten sie ihm an, die Kinder zu verlassen, um sein eigenes Leben zu retten. Er entschied sich jedoch, bei den Kindern zu bleiben. Alle diese Kinder und er selbst wurden in Treblinka ermordet. Indem er bei ihnen blieb, konnte er kein einziges Kind retten. Aber er konnte und wollte sie davor bewahren, allein sterben zu müssen. Er konnte die ihm Anvertrauten nicht im Stich lassen. Anstatt seine eigene Haut zu retten, teilte er den Tod mit diesen Kindern. Sie hatten jemanden, an dem sie sich im Sterben festhalten konnten. War sein Tod umsonst? Ich glaube nicht! Hat er versagt? Ganz gewiss nicht! Nein! Er ist ein Beispiel von wahrer Menschlichkeit bis zum heutigen Tag.

Im universalen Rahmen hat Gott in seinem Sohn genau das für uns getan. Anstatt uns den »Lohn der Sünde« – den Tod (Römer 6,23; LUT) – selbst und allein bezahlen zu lassen, ist Jesus Mensch geworden, um mit uns und für uns und an unserer Stelle zu sterben, damit wir leben können. War der Tod Jesu umsonst? Hat er versagt? Ganz und gar nicht! Er ist bis heute die einzig wahre Hoffnung, dass es doch jemanden geben muss, der mich in diese Welt gestellt hat für einen Sinn und ein Ziel!

Sterben als Gewinn

Wie können wir persönlich und konkret in Demut und Loslassen, in Zuwendung und Hingabe gewinnen? Wie können wir sogar im Leiden und Sterben Gott verherrlichen und ihm die Ehre geben? Dietrich Bonhoeffer schrieb auf herausfordernde Weise: »Wenn Christus einen Menschen ruft, dann ruft er ihn zu kommen und zu sterben.« Das klingt für unsere Ohren erst einmal negativ und ist doch zugleich eine befreiende Botschaft. Es gibt die unterschiedlichsten Bereiche, in denen wir wie das Weizenkorn im Gleichnis durch Loslassen ergreifen und durch Sterben gewinnen können.

1. Beispiel: unser körperlicher Tod. Mit manchen Menschen kann man nicht über das Sterben und den körperlichen Tod sprechen. Sie ignorieren und verdrängen das Thema. Andere unter uns mögen gerade mitten in dieser Erfahrung stehen, durch eine Krankheit das eigene Leben oder das Leben eines geliebten Menschen bedroht zu sehen. Spätestens dann können wir es nicht mehr verleugnen, sondern müssen uns dieser Wirklichkeit stellen. Als Kinder Gottes haben wir die gewaltige Freiheit, im Frieden »nach Hause«, in die intime Gemeinschaft mit Jesus zu gehen. Wir dürfen Gott selbst im Sterben noch verherrlichen. Hans-Joachim Eckstein hat das so schön gesagt: »Christen sterben auch, aber sie sind keine Sekunde tot.« Wenn du körperlich stirbst, ja, dann wirst du wohl sterben, aber du bist niemals tot. Denn in dem Augenblick, in dem dein irdisches Leben zu Ende geht und du dein leibliches Leben abgibst, bist du in der Gegenwart Jesu. Paulus formulierte es angesichts seines bevorstehenden Märtyrertodes so eindrücklich: *»Mein Leben ist Christus, und Sterben ist mein Gewinn«* (Philipper 1,21; LUT). Das heißt, wenn du morgen stirbst, könnte man dir eigentlich gratulieren, denn in Wahrheit hast du gewonnen. Wir wissen um diese Wahrheit, aber wir glauben das nicht mehr so richtig. Natürlich ist es für die Hinterbliebenen schlimm; und für die Menschen, die dich lieben, ist es sehr schmerzhaft. Ganz gewiss! Aber für dich persönlich gilt: Du hast gewonnen, du bist auf der besseren Seite, wo wir alle einmal hinkommen. Das heißt, wir können auch im körperlichen Sterben Gott die Ehre geben, weil wir eine Gewissheit haben.

In dem Augenblick, in dem dein irdisches Leben zu Ende geht und du dein leibliches Leben abgibst, bist du in der Gegenwart Jesu.

2. Manche von uns müssen unter Umständen dem Streben nach Komfort und Luxus »sterben«, es loslassen und aufgeben. Wir treffen unsere Entscheidungen in der Regel danach, was für uns selbst am angenehmsten und am einfachsten erscheint. Aber wir sollten

uns fragen, ob Gott uns vielleicht woanders haben will, ob wir uns für seine Wahrheit einsetzen sollen, ob wir jemandem helfen oder auch nur eine Freude machen können. Wollen wir unsere Entscheidungen denn wirklich nur danach treffen, ob sie bequem sind? In diesem Sinne müssen wir lernen, dieser Gesinnung und Haltung »abzusterben«, d.h. davon frei zu werden und sie zu überwinden. Jesus sagte einmal: *»Nehmet mein Joch auf euch und lernt von mir…, denn mein Joch ist sanft und meine Last ist leicht«* (Matthäus 11,28f.; LUT). Jesus sagte nicht: »Nehmt mein Sofa«, sondern »nehmt mein Joch« – meine Aufgabe, meine Last, meine Herausforderung! Es ist ein »Joch«, und das bedeutet auch Hingabe und Arbeit.

3. Manche von uns müssen unter Umständen der Vorstellung »absterben«, ein ganz besonderer und außergewöhnlicher Mensch zu sein. Auch wenn wir es selten so sagen, aber denken wir nicht insgeheim, dass wir selbst wichtiger sind und mehr darstellen als die meisten unserer Mitbürger? Wir fühlen uns besonders wertvoll und herausragend unter dem allgemeinen Fußvolk – aber wir sind es nicht! Ich auch nicht, ich bin nur einer von diesem Fußvolk, und du auch. Aber wir wachsen mit der Idee auf, dass wir im Unterschied zur Allgemeinheit etwas Besonderes sein werden, der Star im eigenen Film. Die anderen um uns herum dürfen gerne in Nebenrollen mitspielen, aber mehr nicht.

Denken wir nicht insgeheim, dass wir selbst wichtiger sind und mehr darstellen als die meisten unserer Mitbürger?

Ich erinnere mich an eine Situation auf einer Berghütte, in der wir als Bergretter nach einem Rettungseinsatz eingekehrt waren. Ein Kamerad erzählte schmutzige Witze auf Kosten einer Ausländerin, die in der Küche arbeitete – die meisten lachten und fanden es witzig. Einen von ihnen fragte ich danach: »Hättest du es auch witzig gefunden, wenn die Witzfigur anstatt der Ausländerin deine eigene Frau gewesen wäre?« Er sagte: »Nein, eigentlich nicht.« »Warum nicht?«, fragte ich weiter, »Ist deine Frau als Mensch grundsätzlich wertvoller als diese Frau in der Küche?« Seht ihr, was ich meine? Wir haben so ein überhebliches Denken, dass wir uns überlegen und hervorragend fühlen und auf Kosten anderer großtun. Freunde, dieser Überheblichkeit müssen wir absterben, denn sie ist ein Betrug, sie ist schädlich und falsch.

Es ist für mich eine gute Übung, mir bewusst zu machen, dass es wichtiger ist, die andere Person kennenzulernen, als dass sie mich kennenlernt. Jede Person ist ein Universum an Vorstellungen und Träumen, Hoffnungen und Sehnsüchten – genauso wie du selbst. Und darum ist jeder Mensch gleich wichtig und auf seine Weise hervorragend. Wie Paulus es sagte: »*Ein jeder sehe nicht auf das Seine, sondern auch auf das, was dem anderen dient*« (Philipper 2,4; LUT).

Es ist für mich eine gute Übung, mir bewusst zu machen, dass es wichtiger ist, die andere Person kennenzulernen, als dass sie mich kennenlernt.

4. Manche von uns müssen auch einer konkreten Sünde »absterben«, die ihnen schon zur schlechten Angewohnheit geworden ist. Mit Sünde meine ich etwas, womit wir schuldig werden und wodurch wir anderen und uns selbst schaden. Wenn Zorn unser Herz regiert, dann kannst du dich nicht einfach nur damit entschuldigen, dass du halt ein zorniger Mensch bist. Nein, dann musst du lernen zu vergeben. Wenn Gier unser Herz erfüllt, dann können wir uns nicht damit herausreden, dass wir halt so sind. Nein, dann haben wir zu lernen, loszulassen und anderen zu geben. Das meint die Wendung, einer Sache »absterben«, damit wir endlich befreit leben können. Wenn Neid dich auffrisst – mach Komplimente! Wenn Schuld dich nicht zur Ruhe kommen lässt – bekenne sie! Wenn du ein Griesgram und Eigenbrötler bist, dann behaupte nicht, dass du nichts dafür kannst – das ist nicht witzig –, sondern nimm es dir zu Herzen und bitte Gott, dir zu helfen! Wir dürfen diesen Dingen »sterben«, wir dürfen sie beim Kreuz Christi ablegen und dem für uns Gekreuzigten abgeben.

5. Einen Traum aufzugeben – das ist vielleicht für manche das Schwierigste. Für viele ist es der Wunsch nach einem Ehepartner. Denn wir werden groß mit dem Traum, dass wir eines Tages unsere Traumfrau finden werden. Schon als Kinder bekamen wir gesagt: »Wenn du einmal verheiratet bist!« Wir haben nicht gehört: »*Falls* du mal heiratest.« Zu den Mädchen wird gesagt: »Du wirst einmal eine fantastische Mutter!« Dass sie als Frauen einmal eigene, gesunde und glückliche Kinder haben werden, sobald sie wollen, wird wie selbstverständlich vorausgesetzt. Die Medien mit Filmen, Schlagern und Bildern tun das Ihre, um unsere Illusionen zu nähren – jeder Mann muss die Traumfrau finden, jede Frau ihren Traumprinzen und beide je nach Wunsch und wie auf Bestellung ihre Traumkinder. Wenn es dann länger dauert als wir dachten, oder wenn es gar nicht eintrifft, fühlen wir uns unwillkürlich betrogen, von Gott vergessen und vom Leben verraten. Tatsache ist: Nicht alle von uns sind bereits verliebt, verlobt und verheiratet – und nach aller Erfahrung werden nicht alle ihren Lebenspartner finden und heiraten.

Ich muss der Illusion »sterben«, damit ich wirklich und hoffnungsvoll leben kann.

Kannst du dir eine Zukunft vorstellen, in der du nicht verheiratet bist, keine eigenen Kinder hast und dennoch ein erfülltes Leben führst? Kannst du dir ein Leben denken, in dem du trotzdem identisch bist, Gott ehrst und ein Segen für andere bist? Für die meisten von uns ist so ein Denken völlig fremd! Dann mag es sein, dass es genau dieser Traum ist, den ich aufgeben und loslassen muss, damit ich endlich versöhnt und zuversichtlich leben kann. Ich muss der Illusion »sterben«, damit ich wirklich und hoffnungsvoll leben kann.

Natürlich kann Gott uns einen von uns bereits abgeschriebenen Traum auch zurückgeben. Und es mag sein, dass wir gerade durch das Loslassen und Abgeben fähiger werden, unseren eigenen Träumen näherzukommen. Aber wenn wir klammernd daran festhalten, werden wir verkrampfte, unattraktive und bittere Menschen. In unserer Gesellschaft honorieren und würdigen wir das unfreiwillige Single-Sein leider nach wie vor nicht so, wie wir sollten. Die Bibel sagt gewiss, dass uns Gott als Mann und Frau und füreinander geschaffen hat. Aber die Bibel würdigt zugleich und ermutigt sogar zu einem bewusst ergriffenen und im Glauben gestalteten Single-Leben – wie es Jesus selbst, wie es Paulus und viele andere Frauen und Männer vorgelebt haben. Andere unter uns sind verheiratet und geben sich vielleicht in ihrer eigenen Unzufriedenheit wiederum der Illusion hin, dass sie sich als Single leichter täten! Sie träumen dann umgekehrt davon, wie es wäre, wenn sie wieder allein und frei wären. Ob dieser oder jener Traum, wenn es unsere Illusionen und Festlegungen sind, die von der Wirklichkeit ablenken, anstatt sie zu bewältigen und zu verbessern, dann sollten wir sie »sterben« lassen. Ob unerfüllter Kinderwunsch oder Traum vom Reichtum, ob Illusion vom großen Erfolg oder Streben nach grenzenloser Karriere, wir sollten sie verabschieden und ihnen absterben. Das, was wir uns von ihnen erhoffen, wird so jedenfalls nicht kommen.

Wir wollen vielmehr tun, wozu wir geschaffen und bestimmt sind: Gott die Ehre geben! Wir wollen allem Lebensabträglichen absterben, um endlich Gott zu leben. Denn wenn wir Gott die Ehre geben, dann werden wir gerade dabei auch den Sinn für unser Leben finden. Wenn wir im Hier und Jetzt dankbar aus Gottes Hand nehmen, was er uns gegeben hat, und das genießen, was wir *jetzt* haben und sind. Ich gebe Gott die Ehre, indem ich sage: »So steh ich jetzt da, ja, ich habe meine Träume und Wünsche, Herr, aber ich will mich nicht daran festklammern. Festklammern will ich mich nur an dir. Du magst mir die Träume geben oder nehmen; bei dir will ich für immer bleiben, und ich will dir danken für das, was ich jetzt bin und habe.« Ob ich

Wenn wir Gott die Ehre geben, dann werden wir gerade dabei auch den Sinn für unser Leben finden.

nun groß oder klein bin, dünn oder dick, intelligent oder ›einfach gestrickt‹, erfolgreich oder mittelmäßig, verheiratet oder Single – die Frage ist: Wie kann ich Gott jetzt die Ehre geben, wie kann ich *ihn* verherrlichen? Anstatt all meine Energie damit zu verschwenden, etwas zu sein, was ich vielleicht nie sein werde, will ich heute mit Freude das leben, was ich bin. Unter Umständen werde ich dann sehr überrascht sein, was Gott noch alles aus mir machen kann.

Ist Christsein schwer oder leicht?

Manche Christen tragen ein Armband mit den Buchstaben W. W. J.D. darauf, was für: »What Would Jesus Do?« (auf Deutsch »Was würde Jesus tun?«) steht. Mithilfe dieses Armbandes fragt sich ein Christ bei Entscheidungen oder Versuchungen: »Was würde Jesus jetzt tun?« Im Prinzip wissen wir ja manchmal, was Jesus tun würde. Er wäre freundlich, liebend, geduldig, nicht geldgierig, ehrlich und sittsam. Nun, jeder der versucht hat, auch so zu sein, muss zugeben, dass er nicht sehr erfolgreich darin war. Warum ist das so?

Ich will es so erklären: Skifahren war mein Beruf, aber ich bin nicht viele Rennen gefahren. Für den kommenden Winter habe ich mir jedoch Folgendes vorgenommen: Ich kaufe mir ein Armband mit den Buchstaben W. W. A.D. »A« steht für Aksel Svindal, den norwegischen Gesamt-Weltcupsieger der alpinen Skifahrer 2008/2009. Und bei meinem nächsten Skirennen werde ich dann bei der Einfahrt in den Steilhang einfach daran denken: »Was würde Aksel jetzt tun?« Nun, ich mag wohl sehr genau wissen, was Aksel in diesem Moment tun würde, aber es wird mir nicht viel helfen. Und zwar aus einem ganz einfachen Grund: *Ich kann nicht so Ski fahren wie Aksel!* Und genauso geht es mir mit Jesus Christus. Ich mag wohl wissen, was Jesus in einer gewissen Situation tun würde, aber dieses Wissen hilft mir nicht viel. Und das aus einem ganz einfachen Grund: *Ich kann nicht so leben wie Christus!*

Wenn Jesus mich auffordert, seinem Beispiel zu folgen, wenn er will, dass ich dasselbe tue, was er getan hat, dann muss er mir auch dieselbe Kraftquelle zur Verfügung stellen, die er als Mensch hatte. Denn wenn Jesus von uns verlangen würde, dasselbe zu tun, was er getan hat, und uns dabei nicht dieselbe Kraftquelle zur Verfügung stellen würde, die er hatte, dann wäre Jesus ein Menschenverächter, der sich nur lustig über uns macht.

Es wäre ungefähr so, als würde ich im Winter unseren Parkplatz mit dem großen Traktor meines Schwagers räumen und meinen Sohn Lucas auffordern, mir dabei genau zuzuschauen. Nachdem ich mein Werk mit dem 100-PS-Traktor in relativ kurzer Zeit erfolgreich beendet hätte, würde ich mich an Lucas wenden und zu ihm sagen: »So, Lucas, du hast jetzt zugesehen, wie ich das gemacht habe. Ich hoffe, du hast gut aufgepasst. Die nächsten paar Wochen bin ich nämlich unterwegs, und während dieser Zeit bist du dafür verantwortlich, dass der Parkplatz immer geräumt ist. Durch mein Vorbild weißt du, wie der Parkplatz aussehen sollte, und wenn du mich wirklich liebst, wirst du ihn genauso sauber halten, wie ich es dir gezeigt habe!« Nach diesen eindringlichen Worten würde ich Lucas noch einen Kuss geben, mich von ihm verabschieden und ihm dann eine Aluminium-Schneeschaufel in die Hand drücken. Weil er mich liebt, würde er sich nun täglich bemühen, mit der kleinen Schaufel die Schneemassen zu beseitigen. Aber obwohl er jeden Tag vor und nach der Schule gewissenhaft Schnee schaufeln würde, würde er nicht einmal einen Bruchteil der Aufgabe schaffen. Er wäre frustriert über sich selbst und traurig darüber, dass er mich enttäuscht hat. Wäre das Ganze nicht eine riesengroße Gemeinheit meinerseits? Wäre das nicht menschenverachtend?

Wenn Jesus mich auffordert, seinem Beispiel zu folgen, dann muss er mir auch dieselbe Kraftquelle zur Verfügung stellen, die er als Mensch hatte.

Aber so ist es, nicht wenige Christen befinden sich genau in dieser Lage! Sie wollen Jesus von ganzem Herzen lieben und seine Gebote halten. Aber sie schaffen es nicht. Darum glauben sie schließlich, Versager zu sein und ungeeignet für ein Christendasein. Und in ihrer Verzweiflung wenden manche Gläubige Christus dann den Rücken zu. Ich kann das gut verstehen und nachvollziehen.

Hans Peter im Alter von zehn Jahren vor der Pehabhütte

Als Kuhhirte auf der Alm mit Sennerin Paulin, ca. 10 Jahre alt

Als Skilehrer in Vermont, USA, ca. 1983/84

Mit Lucas und Lisa und Nichte und Neffe
vor dem Bergbaustollen, ca. 1995

Mit der ganzen Familie auf dem Dachstein, 2005

Beim Klettern am Koppenkarstein, 2007

Mit dem Mountainbike unterwegs, 2007

Hans Peter und Hannelore im Klettersteig »Hias«, 2007

Auf dem Weg zum Mont Blanc, 2007

Dachsteinsüdwandhöhle, 2008

Dachsteinsüdwandhöhle, 2008

Auf Skitour mit Lucas, 2008

Beim Klettern am Hochkönig, 2008

Hans Peter, 2009

Ehepaar Royer, 2009

Familie Royer, 2010

Beim Bau vom Chalet Tauernhof, 2010

Unterricht im Tauernhof, 2010

Jagdabschuss zum 50. Geburtstag, 2012

Auf dem Klettersteig Fallbach im Maltatal, 2012

Mitarbeiterkonferenz in Capernwray Hall, 2013

Hans Peters Eltern Ottilie und Siegfried Royer, 2013

Auf dem Gipfel »Hoher Dachstein« mit Freunden Lothar und Charly, 2013

Beim Durchklettern der Dachstein-Südwand mit den Töchtern Eva-Maria und Lisa am 15.8.2013, zwei Tage vor seinem Unfall

Familie Royer bei der Hochzeit der Tochter Lisa, 6.7.2013

Hochzeitstanz mit Lisa

Hannelore mit den Kindern, 2014

Hans Peters Grabstein

Wenn ich als Vater von meinem Sohn Lucas verlange, dasselbe zu tun, was ich getan habe, dann muss ich ihm auch denselben Traktor zur Verfügung stellen und ihm beibringen, wie man damit umgeht. Wie kann ich als liebender Vater von meinem Sohn Lucas verlangen, den Parkplatz mit einer Schaufel vom Schnee zu befreien, wenn ich selbst dazu einen 100-PS-Traktor verwendet habe? Das wäre doch eine echte Gemeinheit, besonders dann, wenn ich Lucas mit dem Bezug auf die »Liebe« dazu motiviere!

Jesus Christus ist nicht gemein oder menschenverachtend. Und darum ist es mir ein Rätsel, warum ich jemals glauben konnte, dass ich aus eigener Kraft versuchen müsste, das zu tun, was er getan hat. Darum hat es mein Christenleben revolutioniert, als ich erkannte, dass es »Christus in mir« ist, der meine Kraft zum Leben ist. Er gibt nicht nur Kraft von außen, er ist die Kraft von innen! Jesus Christus selbst ist durch die Gegenwart des Heiligen Geistes die Kraftquelle im Leben eines jeden Christen. Dieses »Lebensgeheimnis« hat Jesus zusammengefasst mit den Worten: *»Ich bin der Weinstock, ihr seid die Reben. Wer in mir bleibt und ich in ihm, der bringt viel Frucht; denn getrennt von mir könnt ihr nichts tun«* (Johannes 15,5; LUT). Diesen Vers kenne ich seit meiner Konfirmation auswendig – aber seine befreiende Wahrheit habe ich erst viel später kennengelernt.

Christus in uns

Der Apostel Paulus schrieb den Kolossern ein Geheimnis, ein »Mysterium«, welches bislang verborgen gewesen war, jetzt aber von Gott selbst den Gläubigen offenbart wurde. Paulus beschrieb dieses Geheimnis mit diesen Worten: *»Es ist Christus in euch, die Hoffnung der Herrlichkeit!«* (Kolosser 1,27b; LUT).

Ein Geheimnis (mysterion) ist nicht dasselbe wie ein Rätsel. Ein Rätsel ist nämlich anfänglich völlig unverständlich, kann jedoch durch Schläue und Intellekt gelöst werden. Ganz anders verhält es sich mit einem Geheimnis. Man kann es nicht selbst ergründen, denn es muss von Gott selbst offenbart werden. Es ist wie mit einer »geheimnisvollen Frau«. Indem du dich auf sie einlässt, offenbart sie dir ihre Geheimnisse.

Das »Geheimnis des Christus« ist die Wahrheit, dass er in uns lebt. Gott wohnt nicht weit entfernt im Himmel, sondern ist uns näher, als wir uns selbst sind – er lebt in uns. Darum: Wer mit Jesus lebt, hat nicht etwas Besonderes »an sich«, sondern etwas Wunderbares »in sich«, ein Geheimnis, das den Namen »Christus« trägt. Insofern sind wir nicht nur »Christus-gläubig«, sondern auch »Christusträger« – also jeder ein »Christophorus« –, weil wir Christus in uns tragen und durch uns wirken lassen wollen. Aus diesem Gedanken entstammt für unsere Missionsarbeit der Name »Fackelträger«.

Gott ist uns näher, als wir uns selbst sind – er lebt in uns.

Die Tatsache, dass Christus *in* uns wohnt und wir *in* Christus sind, ist einzigartig und ohne Parallele. Sie hat mein Leben wahrscheinlich mehr geprägt als alle anderen Erfahrungen, die ich als Christ gemacht habe. Als Teenager habe ich die Botschaft Jesu Christi in unserer evangelischen Kirche in Ramsau am Dachstein bewusst wahrgenommen und mich darauf eingelassen. In den nächsten Jahren war ich sehr aktiv im Kindergottesdienst, in der Jugendstunde und an Gebetsabenden beteiligt. Als 19-Jähriger musste ich mir jedoch eingestehen, dass ich nicht in der Lage war, die Anforderungen des Evangeliums zu erfüllen und kam zu dem Schluss, dass das Christenleben für fähigere oder moralisch bessere Menschen gedacht sein muss. Ich zog mich damals für mehrere Jahre von der christlichen Szene und auch von Jesus selbst zurück. Dieses Leben war zwar irgendwie einfacher, allerdings sehr oberflächlich und oftmals leer.

Als ich etwa 25 Jahre alt war, las ich einen Satz von Major W. Ian Thomas, dem Gründer der Fackelträger. Er schrieb: »Christsein ist nicht leicht, Christsein ist auch nicht schwer, Christsein ist unmöglich!« Dieser Satz war für mich anfänglich verwirrend, aber gleichzeitig gab er mir Hoffnung, dass es da etwas geben musste, das ich noch nicht wusste. Bis zu diesem Zeitpunkt hatte mir kein einziger Christ jemals gesagt, dass es unmöglich ist, Christ zu sein – das wusste ich nicht! Damals hat sich in mir etwas in Bewegung gesetzt: Ich begann nach und nach mein Christsein zu genießen, weil ich anfing, Christus zu genießen.

Seitdem lerne ich täglich neu, dass nicht ich *für* Christus arbeiten muss, sondern dass er *durch* mich arbeitet und wirkt. Es liegt nicht an mir, sondern allein an ihm. Somit wende ich mich jeden Tag an Jesus und sage: »Herr, ich kann das christliche Leben nicht leben. Aber DU kannst es. So gebrauche auch mich, um heute in dieser Welt zu wirken.« Und darum kann ich ehrlich bekennen, dass ich gerne zu Jesus Christus gehöre und keinen Tag mehr ohne IHN leben möchte.

Beauftragt und befähigt in Christus

Jesus Christus hat uns einen klaren Auftrag gegeben. Wir brauchen ihn nicht zu erfinden, wir haben ihn. Das Wunderbare daran ist aber, dass Jesus Christus uns nicht nur einen Auftrag gegeben hat, sondern auch die Kraft, ihn zu erfüllen.

Jesus Christus hat uns nicht nur einen Auftrag gegeben, sondern auch die Kraft, ihn zu erfüllen.

Nach Apostelgeschichte 1,7 f. sagte Jesus, bevor er in den Himmel auffuhr, zu seinen Jüngern Folgendes: »*Es ist nicht eure Sache, Zeiten oder Zeitpunkte zu wissen, die der Vater in seiner eigenen Vollmacht festgesetzt hat. Aber ihr werdet Kraft empfangen, wenn der Heilige Geist auf euch gekommen ist; und ihr werdet meine Zeugen sein, sowohl in Jerusalem als auch in ganz Judäa und Samaria und bis an das Ende der Erde*« (ELB).

Das Erste: »*Ihr werdet Kraft empfangen*«. – Wenn die Jünger zu diesem Zeitpunkt etwas brauchten, dann war es gewiss Kraft von oben. Denn vierzig Tage zuvor – d. h. bei Jesu Gefangennahme, Verurteilung und Kreuzigung bis hin zu seiner Auferstehung – hatten alle Apostel ihre Schwäche erbarmungslos gezeigt, sie war unübersehbar deutlich geworden. Judas hatte Jesus verraten, Petrus hatte seinen Herrn verleugnet. Johannes war zusammen mit den Frauen als einziger seiner Jünger beim Kreuz geblieben–alle anderen waren aus Furcht und Entsetzen davongelaufen. Sie alle, die Jesus doch nachfolgen wollten bis zum Letzten, sie alle hatten kläglich versagt.

Jesus sagte also ausgerechnet denen, die ihn verleugnet und im Stich gelassen hatten, als der Auferstandene zu: »*Ihr werdet Kraft empfangen*«. – Nach dem Bericht des Matthäusevangeliums sagte Jesus als der Auferstandene bei seiner Erscheinung vor seinen Jüngern zu ihnen: »*Mir ist alle Macht gegeben*« (28,18; LUT). Im griechischen Grundtext steht für dieses Wort »Macht« der griechische Begriff *exusia*, und das heißt so viel wie »Autorität«, »Vollmacht«, »Befugnis«. Dem auferstandenen Jesus Christus war also von seinem himmlischen Vater alle »Autorität, Vollmacht und Befugnis« gegeben worden – und zwar »im Himmel und auf Erden«. Wie in Daniel 7,14 in Bezug auf den kommenden Menschensohn verheißen, hatte sein himmlischer Vater ihm alle »Autorität«(*exusia*) übertragen – über alle Völker und Sprachen, für immer und ewig.

Jesus Christus war von seinem himmlischen Vater alle »Autorität, Vollmacht und Befugnis« gegeben worden – und zwar »im Himmel und auf Erden«.

In Apostelgeschichte 1,8 aber gebrauchte Jesus in Hinsicht auf seine Jünger ein anderes Wort: *»Ihr werdet Kraft empfangen«*, wofür im Griechischen der Begriff *dynamis* steht, von dem auch unsere deutschen Begriffe »dynamisch« oder »Dynamit« abgeleitet sind. Hier geht es also um die »Kraft«, die die Jünger von Gott empfangen sollten.

Was ist der Unterschied zwischen *exusia* und *dynamis*, zwischen »Macht« – d. h. »Autorität«, »Vollmacht«, »Befugnis« – einerseits und der den Jüngern verheißenen »Kraft« andererseits? Ich versuche es mit einem Beispiel zu erklären. Ich war vor einigen Jahren in Seattle in Amerika. An einem Tag sind wir mit Schneeschuhen in ein Skigebiet in ein Alpental hineingewandert. Es war zu der Zeit unheimlich viel Schnee gefallen, es waren wohl über zwei Meter Neuschnee. Mir kam es gleich etwas komisch vor, denn es war doch gewiss etwas lawinengefährlich. Aber ich dachte, gehen wir halt mal ein Stück mit den Gastgebern mit. Und tatsächlich kam uns schon nach kurzer Zeit eine Frau entgegengelaufen, die uns berichtete, dass gerade jemand vom Schnee verschüttet worden war. Ich hatte noch einen Freund bei mir, der ebenfalls Bergführerkollege war. So schnell wir konnten, liefen wir ins Tal und fanden die Stelle, an der eine große Lawine abgegangen war. Wohl zehn Leute sprangen dort planlos herum. Wir organisierten sie, wie wir es zu Hause in solchen Fällen auch tun. Die Teller wurden von den Skistöcken heruntergerissen und zum Sondieren aufgestellt, um die vermisste Frau zu suchen. Offensichtlich vermittelten wir Autorität, die von allen angenommen wurde; keiner hatte ein Problem damit. Wir hatten »Autorität«– aber zugleich doch auch ein Problem. Wir hatten nämlich nicht genügend »Kraft«, denn wir besaßen keine Sonden, keine Schaufeln und auch keine Hunde für die Suche.

Ungefähr zwei Stunden suchten wir nach der verschütteten Frau; und nach dieser langen Zeitspanne kam endlich der Bergrettungsdienst, der uns – verständlicherweise – gleich wegschickte. Ich wollte ihnen noch erklären, wo die Verschüttete meiner Meinung nach ungefähr liegen müsste, aber sie schickten uns alle einfach weg. Nur aus der Ferne konnten wir uns das weitere Vorgehen dann ansehen, und mein Freund Hans und ich schauten uns beklommen an und ahnten, dass sie die verschüttete Frau wohl kaum noch rechtzeitig finden würden. Erstens waren sie viel zu spät gekommen, zweitens waren sie unorganisiert und hatten offensichtlich keine Strategie, und zudem hatten sie wohl auch noch einen »dummen« Hund. Leider war es dann auch so, dass die Leiche der Verschütteten erst 10 Tage später gefunden wurde. Dabei hätten wir beim Eintreffen der ausgestatteten Gruppe nun auch »Kraft« gehabt. Wir hätten genügend Personen, Sonden und Schaufeln gehabt – aber wir hatten keine »Macht« im Sinne von »Autorität, Vollmacht und Befugnis« mehr.

Kraft von Jesus

Wisst ihr, warum ich so gerne zu Jesus gehöre und warum ich so gerne Christ bin? Weil Jesus Christus mir nicht nur einen Auftrag gibt, dem ich zu gehorchen habe, sondern zugleich auch die Kraft, seinen Auftrag zu erfüllen. Jesus hat bei seiner Erscheinung nach der Auferstehung gesagt: *»Mir ist alle Macht gegeben im Himmel* *und auf Erden«* (Matthäus 28,18; ELB). Das bedeutet: »Ich bin der König der Könige, der Herr der Herren. Ich habe von meinem Vater alle Autorität in diesem Universum übertragen bekommen.« Aber wenn wir nur wissen, dass Jesus alle Autorität hat, aber nichts von seiner Kraft wissen, dann sind wir sehr kraftlose Christen. Und gibt es das nicht häufig: Menschen, die sich zu Jesus bekennen und sagen würden, dass sie gläubig sind – und dennoch völlig kraftlos wirken? Christus ist nicht nur der Herr, der uns den Auftrag gibt, er hat uns zugleich die Kraft versprochen, das zu tun, was er uns aufgetragen hat. Der Heilige Geist in uns befähigt uns dazu, den Auftrag Christi auszuführen.

Christus hat uns die Kraft versprochen, das zu tun, was er uns aufgetragen hat.

Wenn wir an unseren kommenden Alltag denken, dann fallen uns allen ganz verschiedene und zahlreiche Herausforderungen ein, in denen es uns schwerfällt, nach dem zu handeln, was Jesus uns gelehrt hat und was wir grundsätzlich auch als richtig und geboten ansehen. Dann mögen wir uns daran erinnern: Wenn Gott uns beauftragt, etwas Bestimmtes zu tun, dann gibt er uns auch die Kraft, das von ihm Gebotene auszuführen. Gehen wir doch zu ihm und in seine Kraft. In unserer Schwachheit und in seiner Kraft werden wir dann wirklich entdecken, dass Jesus Christus als der Auferstandene und Mächtige lebt.

Mein Konfirmationsspruch ist mir sehr lieb geworden: *»Befiehl dem Herrn deinen Weg und vertraue auf ihn, so wird er handeln«* (Psalm 37,5; ELB). Luther übersetzte den Vers so: *»Befiehl dem Herrn deine Wege und hoffe auf ihn, er wird's wohlmachen«* (Psalm 37,5; LUT). Wenn wir dem Herrn unsere Wege anbefehlen und den Weg gehen, den Gott für uns vorgesehen hat, dann wird Gott handeln und es wohlmachen.

So gilt also: Der Gehorsam Christus gegenüber steht immer im Zusammenhang mit unserer Abhängigkeit von Gottes Heiligem Geist. Denn im Heiligen Geist ist Gott der Vater und der Herr

Jesus Christus in uns als Gläubigen und in seiner Gemeinde gegenwärtig. Die ersten Jünger erkannten in den vorösterlichen Jahren der Nachfolge Jesus wohl als ihren Herrn und Christus an. Aber sie hatten ihn noch nicht wirklich verstanden, denn sie wussten nichts von seiner wahren Macht und Kraft. Deshalb waren sie voll Furcht und flohen, als es darauf ankam. Erst durch die Erkenntnis des Auferstandenen und durch die Begabung an Pfingsten wurden sie mit der Kraft des Heiligen Geistes erfüllt – sie erkannten die Wahrheit der wirksamen Gegenwart Gottes, des Vaters und des Sohnes in ihnen und in ihrer Mitte. Der Petrus, der vor Kurzem noch Jesus verleugnet und verlassen hatte, predigte nun freimütig und unerschrocken Jesus als Herrn, und Tausende kamen zum Glauben und ließen sich taufen. Jetzt wurde die Kraft Gottes im Leben der Jünger sichtbar.

Wir sind Jesu Zeugen

Das Zweite: Wozu gab Jesus den Jüngern die Kraft des Heiligen Geistes? Zu welchem Zweck und warum gibt Jesus uns Kraft? In Apostelgeschichte 1,8 lesen wir: *»Aber ihr werdet Kraft empfangen, wenn der Heilige Geist auf euch gekommen ist; und ihr werdet meine Zeugen sein, sowohl in Jerusalem als auch in ganz Judäa und Samaria und bis an das Ende der Erde«* (ELB). Bei uns am Tauernhof in Schladming haben wir im Vortragsraum zwei Bibelverse angeschrieben. Auf einer Seite steht Matthäus 16,18: *»Jesus spricht: Ich werde meine Gemeinde bauen«*. Auf der anderen Seite steht Apostelgeschichte 1,8: *»Und ihr werdet meine Zeugen sein«*. Ihr werdet bezeugen, wie ich meine Gemeinde baue.

Übrigens sagte Jesus nicht: »Ihr werdet Zeugnis ablegen« oder »Ihr werdet euer Zeugnis geben«. Das gehört als Teil gewiss dazu, aber es ist nicht das, wovon Jesus hier sprach. Er sagte vielmehr, ihr werdet meine Zeugen *sein*. Zeugen sind wir als Gläubige Jesu stets, die Frage ist nur, ob wir gute oder schlechte Zeugen Jesu sind? Sind wir falsche oder wahre Zeugen? Jeder Christ ist unbestreitbar ein Zeugnis von Jesus. So wie wir leben, können wir anderen Menschen zeigen, ob sich ein Leben mit Jesus lohnt oder ob es das eher nicht tut. So wie wir leben, zeigen und verkörpern wir, ob das Leben mit Jesus ein lohnendes Abenteuer ist oder unglaubwürdig und wenig erstrebenswert.

> So wie wir leben, können wir anderen Menschen zeigen, ob sich ein Leben mit Jesus lohnt.

Als ich selbst mich mit 15 Jahren bekehrte, veränderte dies zunächst in meinem alltäglichen Leben nicht viel. Denn ich hatte noch nicht wirklich verstanden, dass Jesus lebt. Ich war nur dankbar für Jesu Kreuz und seine Vergebung und versuchte, von mir aus so gut wie möglich Christ zu sein. Das ist aber der beste Weg zur Verzweiflung, weil es auf diese Weise nämlich nicht geht. Ich leitete sogar die Jugendstunde, weil ich dachte, dass Christen dies oder etwas Ähnliches tun müssen. Am Abend war ich dann »evangelistisch« unterwegs, vor allem in verschiedenen Bars. Und nach dem 5. Bier wurde ich immer mutiger und bekenntnisfreudiger. Je später die Stunde, desto mehr und leichter redete ich von meinem Glauben. Rückblickend muss ich sagen, dass sich wohl keiner von denen, die ich so zu erreichen versuchte, zu Jesus bekehrt hat. Warum nicht? Nun, sie sahen: »Was dieser Typ durch seinen Glauben und mit seinem Jesus kann, das können wir allemal auch ohne Glauben. Für so ein Leben brauchen wir Jesus nicht.« Ich erinnere mich noch sehr genau an eine Situation im Bierzelt unseres Bergrettungsdienstes, als ich selbst an der Bar lehnte und die anschaute, denen ich zuvor von Jesus erzählt hatte. Da kam ich mir plötzlich von Jesus selbst überführt vor: »Du willst denen von mir erzählen und lebst wie alle anderen ohne jeden entscheidenden Unterschied?« Es sind manchmal Kleinigkeiten und einzelne Verhaltensweisen, die anderen zeigen, ob sich ein Leben mit Jesus lohnt. Wie reagieren wir in bestimmten Situationen? Können andere daran sehen, dass sich ein Leben mit Jesus lohnt?

Beim Leben mit Jesus in seiner Kraft und Gemeinschaft und bei unserem Zeugnis geht es nicht nur darum, vorne zu stehen und ein gesprochenes Zeugnis abzulegen, sondern darum, wie wir im Alltag leben. Das zeigt Menschen, ob sich ein Leben mit Jesus lohnt oder nicht. *»Ihr werdet meine Zeugen sein!«*

Bei unserem Zeugnis geht es darum, wie wir im Alltag leben.

Bevor ich meine Frau Hannelore heiratete, hatte ich die Wahl, ob ich Ehemann sein wollte oder nicht. Am 4. Juli 1987 wurde ich vor Zeugen gefragt, ob ich sie als Ehefrau nehmen wollte. Ich sagte Ja und bin seitdem Ehemann. Ich habe heute nicht mehr die Wahl, ob ich als Ehemann den heutigen Tag verbringen will oder nicht. Ich kann mich nicht am Morgen fragen: »Soll ich heute Ehemann sein oder nicht? Zahlt es sich aus oder nicht? Ich will es mir nochmals gut überlegen.« Nein, das kann und will ich nicht. Ich bin immer Ehemann. Ich bin entweder ein guter oder ein schlechter Ehemann. Ich bin ein treuer oder untreuer Ehemann – aber ich bin immer Ehemann. Und nicht anders ist es, wenn wir zugesagt haben, Christ zu sein und zu Christus zu gehören. Auch hier können wir nicht in der Früh aufstehen und sagen: Soll ich heute Zeugnis sein oder nicht? Wir sind immer Zeugnis – *»Ihr werdet meine Zeugen sein«*. Die Frage ist nur, ob wir ein wahres und glaubhaftes oder ein falsches und unglaubwürdiges Zeugnis sind. Die Art, wie wir als Christen leben, ist ein Zeugnis dafür, was Jesus uns wert ist. Die Art, wie ich als Ehemann lebe, ist ein Zeugnis dafür, wie viel meine Frau Hannelore mir wert ist. Lesen Menschen in unserem Leben, dass ein Leben mit Jesus ein Abenteuer ist und sich lohnt? Oder lesen sie, dass es eigentlich nicht so begehrenswert und wertvoll sein kann?

Zeugen sein – in der Heimat

Das Dritte: Wie wird nun Christus durch uns die Welt erreichen? Was ist seine Vorgehensweise? Er hat es uns klar gesagt: *»Ihr werdet*

Kraft empfangen, wenn der Heilige Geist auf euch gekommen ist. Und ihr werdet meine Zeugen sein« (Apostelgeschichte 1,8; ELB). Und jetzt kommt die Vorgehensweise: Ausgehend von Jerusalem und in Judäa, in Samaria und bis an das Ende der Welt. Ich kann mir vorstellen, dass es den Jüngern lieber gewesen wäre, wenn Jesus sie gleich nach Rom gesandt hätte, um dort anzufangen. In der fernen Stadt kannte sie niemand. Aber nach Jesu Willen sollten sie ausgerechnet in Jerusalem anfangen, der Stadt des Widerstandes und der Gegner, der Erfahrungen des eigenen Versagens und Scheiterns. Geht es uns selbst nicht auch so, wenn wir zu Hause Zeugen sein sollen, wo uns alle Leute kennen? In Jerusalem wussten die Leute doch um das Versagen und die Unfähigkeit dieser Nachfolger Jesu. Hier erschienen sie in ihrer Angepasstheit als so durchschnittlich und normal.

Sollte Petrus hier die Magd ausfindig machen, vor der er Jesus verleugnet hatte, an ihre Tür klopfen und ihr jetzt bezeugen, dass er Jesus doch kannte und ihn nun verkündigte? Hätte Jesus hier zu Johannes sagen können: »Du warst der Letzte, der vor mir am Kreuz stand, bevor ich starb. Du hast den Hauptmann gesehen, der dastand und bezeugte: ›*Wahrhaftig, dieser war der Sohn Gottes!*‹ Johannes, würdest du ihn suchen, geh in die römische Kaserne und sage ihm, dass ich tatsächlich der Sohn Gottes bin.« Oder zu Matthäus: »Du kennst die Kriminellen, kannst du bitte hingehen und Barabbas sagen, dass ich lebe? Er wird verstehen, dass ich einmal für ihn gestorben bin; aber sage Barabbas, dass ich zweimal für ihn gestorben bin – an seiner Stelle und um seine Sünden zu tragen – und dass ich ihn liebe.« Oder zu Thomas: »Würdest du zu den Soldaten gehen, die mich angespuckt und verspottet haben, und würdest du ihnen bitte sagen, dass ich auch für sie gestorben bin?« Oder zu Andreas: »Du geh zu den Soldaten, die meine Kleider unter sich aufgeteilt haben. Du wirst sie erkennen, vielleicht tragen sie noch mein Gewand. Erzähl ihnen, dass ich bei meinem Gebet zum Vater um Vergebung für die, die mich kreuzigten, auch sie gemeint habe.«

Es braucht viel Mut, ausgerechnet dort anzufangen, wo uns alle Menschen kennen, bei den Jüngern war das Jerusalem. Mir selbst ist es am Anfang schwergefallen, in meiner Gemeinde zu Hause in Ramsau und Schladming zu predigen. Denn ich wusste, dass mich die Leute, die da in den Reihen saßen, seit Langem kannten und sich an so manches nicht so Gute in meiner Vergangenheit erinnern konnten. Und jetzt stand ich da oben und predigte zu ihnen. Beim ersten Mal begann ich dementsprechend auch mit den Worten: »Ihr alle kennt mich und habt viel über mich gehört; in Wahrheit war es gewiss noch schlimmer. Aber ich stehe jetzt vor euch und möchte euch trotzdem von Jesus erzählen.« Dabei ist es so wichtig, dass wir als Christen auch hingehen und es aussprechen: »Es tut mir leid!« Dass uns etwas leidtut, sollten wir auch anderen gegenüber bekennen und aussprechen und es nicht nur denken.

Es braucht viel Mut, ausgerechnet dort anzufangen, wo uns alle Menschen kennen.

Nachdem Jesus seinen Jüngern Jerusalem als erstes Ziel angab, weitete er ihren Blick: Sie sollten nicht nur nach Jerusalem gehen, sondern auch ins umliegende Judäa. »Schaut über eure eigene Gemeinde hinaus. Da gibt es noch andere Menschen. Und darüber hinaus sollt ihr sogar in Samarien verkündigen.« Die Einwohner Samarias wurden von Juden konventionell nicht als rechtgläubig akzeptiert und daher gemieden. Als ein ehemaliges Mischvolk waren sie ihnen fremd und nicht gut gelitten. Jesus sendet uns also auch dorthin, wo wir normalerweise und von uns aus nicht hingehen würden, zu Menschen, die ganz anders sind als wir. Was ist wohl unser »Jerusalem« und was unser »Samarien«?

Schließlich – und eben nicht an erster Stelle – trug Jesus den Jüngern gemäß seiner Strategie noch auf: »*… und bis an das Ende der Welt.*« Nicht jeder von uns geht selbst bis ans Ende der Welt, aber jeder von uns kann in diese letzte universale Ausweitung einbezogen sein. Wir alle können die Menschen, die bis ans Ende der Erde gesandt werden, im Gebet, finanziell, durch Freundesarbeit und Ermutigung unterstützen. In dieser Weise wird jeder von uns auch Teil der weltweiten Mission werden.

Wenn wir Aufträge und Anweisungen geben, dann schließen wir als Leiter gerne mit den Worten: »Gibt es noch irgendwelche Fragen?« Jesus sagte das bei seiner Aussendung der Jünger aber nirgends. Stattdessen galt bei ihm: Jetzt keine Fragen mehr, sondern hingehen und befolgen! Und auch heute noch sagt er zu uns: »Ihr kennt den Auftrag genau, und ihr habt die Kraft, es zu tun. Ich selbst, Christus, werde im Geist bei euch und in euch sein. Ich habe die Vollmacht und die Kraft, und damit beauftrage, befähige und sende ich euch. Keine Fragen mehr, sondern hingehen und ausleben!« Gott beruft nicht die von sich aus Fähigen, sondern Gott befähigt die durch ihn Berufenen! Wenn wir uns schwach und von uns aus unfähig fühlen, dann sind wir genau an der richtigen Stelle. Dann sind wir die Männer und Frauen, die Jesus in seiner Vollmacht und Kraft gebrauchen will.

Gott beruft nicht die von sich aus Fähigen, sondern Gott befähigt die durch ihn Berufenen!

Abschließen will ich mit einem ›fiktiven Brief‹, der uns zur Ermutigung und Herausforderung alles Ausgeführte nochmals auf so humorvolle wie tiefsinnige Weise verdeutlicht. Es ist ein Brief von der ›Jordan Unternehmungsberatung GmbH‹, die Jesus beriet, welche Jünger er auswählen sollte, da er ja ein weltweites Imperium aufbauen wollte. Der Brief ist gerichtet an Jesus, Sohn des Joseph, Schreinerei in Nazareth 2592, und die Unternehmungsberatung schlug Jesus Folgendes vor:

Sehr geehrter Herr Jesus von Nazareth,
herzlichen Dank für die Zusendung der Unterlagen der 12 Männer, die Sie für die Leitungspositionen in Ihrer neuen Organisation ausgewählt haben. Alle Kandidaten wurden in der Zwischenzeit in einem Clearingverfahren diversen Prüfungen unterzogen, welche durch unsere Computer bereits systematisch ausgewertet

worden sind. Dazu wurde jeder von ihnen auch persönlich durch unsere Psychologen und Berufsberater interviewt. Die Resultate aller Tests haben wir diesem Schreiben beigelegt, und wir raten Ihnen, diese genauestens zu prüfen. Im Folgenden haben wir einige Kommentare zusammengestellt; sie sind Teil unseres Dienstes und werden nicht gesondert berechnet.

Unsere Mitarbeiter sind einhellig der Meinung, dass fast alle Kandidaten eine etwas fragwürdige Vergangenheit haben. Es fehlt ihnen an einschlägigen Ausbildungen und beruflichen Qualifikationen sowie an den vorauszusetzenden Fähigkeiten, sodass sie für die ihnen zugedachten Aufgaben in Ihrer Firma als nicht geeignet erscheinen. Wir raten Ihnen daher dringlich, Ihre Suche nach geeigneten und qualifizierten Personen fortzusetzen, die sowohl berufliche Erfahrung als auch Führungsfähigkeiten aufweisen.

Simon Petrus ist emotional unstabil und wird schnell wütend. Andreas hat absolut keine Führungskapazität. Den zwei Brüdern Jakobus und Johannes, den Söhnen des Zebedäus, sind ihre persönlichen Interessen offensichtlich wichtiger als ihre Loyalität mit Firma und Vorgesetzten. Thomas scheint eine zaudernde und zweifelnde Natur zu haben und könnte einen negativen Einfluss auf die anderen Mitarbeiter ausüben. Wir sehen es als unsere Aufgabe, Sie darauf aufmerksam zu machen, dass Matthäus auf der Schwarzliste der Vereinigung der jüdischen Geschäftsleute aufgeführt ist.

Jakobus, der Sohn des Alphäus, und Thaddäus neigen eindeutig zu radikalen Handlungen. Und bei den Tests haben sich beide als manisch-depressiv erwiesen.

Einer Ihrer Kandidaten jedoch beweist großes Potenzial. Er ist ein Mann mit vielen Fähigkeiten und Kapazitäten. Er weiß mit Menschen umzugehen und hat ein gutes kaufmännisches Verständnis. Er hat sehr gute Beziehungen zu Leuten in höheren Positionen. Er ist sehr motiviert, ehrgeizig und zuverlässig. Wir empfehlen Ihnen, Judas Iskariot als Ihre rechte Hand und als Kontrolleur einzustellen. In allen anderen Fällen raten wir von einer Anstellung ab.

Wir wünschen Ihnen viel Erfolg in Ihrem neuen Unternehmen.
Hochachtungsvoll
Jordan Unternehmensberatung GmbH

In der Tat, als Jesus bei seiner Himmelfahrt elf Männer als seine Nachfolger zurückließ, waren sie auf der ganzen Linie Versager – aber sie waren ausgerüstet mit der Kraft des Heiligen Geistes, um die ganze Welt mit der Botschaft des Evangeliums von Jesus Christus zu erreichen. Wir haben es nicht der Fähigkeit dieser Männer zu verdanken, dass das ganze Römische Reich in wenigen Jahren des ersten Jahrhunderts mit dem Evangelium erreicht wurde und dass es uns als Gemeinde Jesu Christi auch 2000 Jahre später immer noch gibt, sondern allein dem Wirken des Geistes Gottes, der in allen und durch alle an ihn Glaubenden wirkt. Wir mögen heute genauso unverständig, von uns aus unfähig und furchtsam sein wie damals die ersten Jünger; aber wir haben auch dieselbe Kraft, die sie seit Ostern und Pfingsten antrieb. Gott ist nicht müde geworden, und die Kraft seines Geistes lässt nicht nach.

Gott ist nicht müde geworden, und die Kraft seines Geistes lässt nicht nach.

Denn was haben wir aus Jesu Aussendung seiner ersten Jünger gelernt? *Gott beruft nicht die von sich aus Fähigen, sondern Gott befähigt die durch ihn Berufenen!* Wenn wir uns schwach und von uns aus unfähig fühlen, dann sind wir genau an der richtigen Stelle. Dann sind wir die Männer und Frauen, die Jesus in seiner Vollmacht und Kraft gebrauchen will. Jesus Christus ist derselbe gestern, heute und in alle Ewigkeit.

Glaube und Zweifel

Über einen ungeliebten Reisebegleiter und was man gegen ihn tun kann

Über das Thema »Zweifel« wird selten geredet. Christen, die zweifeln, meinen oft, das dürfe nicht sein, und haben dann ein schlechtes Gewissen. Eben darum ist es ein wichtiges Thema. Zweifel ist kein Randthema, es betrifft jeden Menschen – weniger oder mehr. In Matthäus 28,16-17 – kurz nach der Auferstehung Jesu – wird berichtet: »*Die elf Jünger aber gingen nach Galiläa an den Berg, wohin Jesus sie bestellt hatte. Und als sie ihn sahen, warfen sie sich vor ihm nieder. Einige aber zweifelten*« (ELB).

Ich bin als 15-Jähriger in der evangelischen Kirche unseres Bergdorfs Ramsau am Dachstein zum Glauben gekommen und sehe es immer mehr als ein Geschenk an, dass ich glauben darf. Aber neben Gottes Geschenk des Glaubens habe ich seitdem einen zweiten Reisebegleiter – einen oft unangenehmen Gesellen: Sein Name heißt Zweifel. Es ist mir nie leichtgefallen zu glauben, bis heute nicht. Ich bin mir nicht einmal sicher, ob die Zweifel ein Segen oder ein Fluch sind – sie sind einfach da. Angenehm jedenfalls habe ich Zweifel nie gefunden. Ich habe oft gebetet, dass Gott sie mir wegnehmen möge – aber das ist bisher nicht geschehen.

Neben Gottes Geschenk des Glaubens habe ich seitdem einen zweiten Reisebegleiter: Sein Name heißt Zweifel.

Übrigens zweifeln nicht nur Christen. Der ehemalige Papst, Joseph Ratzinger, hat es treffend formuliert in seinem Buch »Einführung ins Christentum«: »Wer der Ungewissheit des Glaubens entfliehen will, der wird die Ungewissheit des Unglaubens erfahren müssen.« *Eine* Ungewissheit bleibt immer.

Gründe für Zweifel

Ein Grund für meine Zweifel an einen persönlichen Gott und seine Liebe ist die globale und individuelle Ungerechtigkeit. Tausende Kinder sterben in Afrika, weil sie zu wenig zu essen haben. Und wir machen Abmagerungskuren, weil wir zu viel futtern. Das ist doch nicht normal! Warum lässt Gott so etwas zu? Und warum geht es mir gut – und anderen Menschen extrem schlecht? Warum sitzt jemand seit 18 Jahren im Rollstuhl und hat Schmerzen? Wir haben so oft für sie gebetet – Gott hat sie nicht geheilt. Warum nicht? Da kann die Frage aufkommen: Gott, gibt es dich überhaupt?

Da kann die Frage aufkommen: Gott, gibt es dich überhaupt?

Oder: Wir selbst haben drei gesunde Kinder – aber ein Nachbarskind stirbt an Krebs. Wieso? Warum darf all das geschehen? Ein Mädchen in unserer Gegend wurde von vier besoffenen Männern vergewaltigt – und Gott tut nichts!? Da frage ich mich: Gott, bist du eine Illusion oder gibt es dich wirklich?

Ich habe auch Fragen an die Bibel. Stimmt das alles, was die Bibel sagt über Engel, Entrückung, Wunder, Himmel und Hölle? Es scheint manchmal zu märchenhaft, zu fantastisch. Und wenn es tatsächlich so ist, warum geschehen dann heute so wenige Wunder? Warum heilt Gott dann heute nicht viel mehr Menschen? Ich glaube an Wunder, ich habe sie auch schon erlebt – aber relativ selten. Ich würde gerne mehr Wunder sehen!

Oder nehmen wir das Christsein an sich. Die Bibel sagt, wenn jemand in Christus ist, dann ist er eine neue Kreatur! Wirklich? Warum schauen so viele Christen dann so alt aus? Warum gibt es so wenige Unterschiede zwischen Gläubigen und Ungläubigen?

Es gibt bei mir auch ganz individuelle und fundamentale Gründe, warum ich an Gott zweifle. Eine Bekannte hat ein behindertes Kind. Sie sagt: »Ich versuche oft, mit Gott zu reden. Aber er scheint nie zu kommen und mich nicht zu hören. Wenn ich mit einem

Freund abmache, mich auf einen Kaffee zu treffen, und er kommt nicht, dann ist das enttäuschend – aber es ist okay. Aber wenn ich mit einem Freund 30 Mal abmache, ihn zu treffen, und es wieder und wieder tue – und er kommt nie, dann frage ich mich, ob dieser Freund existiert! Genauso geht es mir bei Gott. Ich habe mich so oft mit ihm treffen wollen, aber er ist nie gekommen!« Ich weiß genau, was sie meint.

Warum gibt es so wenige Unterschiede zwischen Gläubigen und Ungläubigen?

Manchmal habe ich das Gefühl, das ganze Christsein ist eine Gehirnwäsche – ich rede mir das 30 Jahre lang ein, deswegen funktioniert es auch zum Teil (Psychologen werden diesen Mechanismus der Selbstbeeinflussung bestätigen können). Meine Zweifel sind wirklich manchmal fundamental und verwirren mich. Manchmal habe ich Angst, meinen Glauben überhaupt zu verlieren.

Zweifel sind menschlich

In Judas 22 f. werden wir aufgefordert, uns derer zu erbarmen, die zweifeln – im Blick auf Gott, der uns selbst vor dem Straucheln bewahren kann und will. Dieses Wort hat mich unheimlich getröstet. Wer Zweifel hat, der fühlt sich ja oft schon schuldig, dass er überhaupt Zweifel hat. Manchmal wird das sogar so gepredigt – unglaublich! Aber Gott spricht dich nicht schuldig! Gott erbarmt sich derer, die zweifeln! Dafür bin ich sehr dankbar, und deshalb habe ich kein schlechtes Gewissen im Hinblick auf meine Zweifel, obwohl ich sie nicht leiden kann. Wir brauchen uns nicht zu schämen und schon gar nicht schuldig zu fühlen. Und wir brauchen auch keine Angst zu haben, in Zweifeln den Glauben zu verlieren: Es ist Gott, der uns vor dem Straucheln bewahrt – nicht wir.

Warum glaube ich überhaupt noch? Objektiv betrachtet ist der Grund einfach: Weil Gott mich hält! Und auch, weil es zu viele unsichtbare Realitäten gibt, die eine Erklärung brauchen. Da gibt es zum einen die Realität der Liebe. Warum lieben wir und warum sollten wir sogar unser Leben aus Liebe geben, wenn es die Liebe nicht gäbe?

Gott erbarmt sich derer, die zweifeln! Wir brauchen keine Angst zu haben, in Zweifeln den Glauben zu verlieren: Es ist Gott, der uns vor dem Straucheln bewahrt – nicht wir.

Nach einem meiner Vorträge kam ein Mann zu mir und sagte: »Zeigen Sie mir Gott! Sie reden andauernd davon, aber ich habe ihn noch nie gesehen. Ich war gerade auf dem Parkplatz, da war er nicht. Ich war gerade auf der Bühne, da war er nicht. Ich schaue hier auf den Boden, da ist er auch nicht – aber Sie reden dauernd vom ihm. Zeigen Sie mir diesen Gott, dann werde ich an ihn glauben!« Ich fragte ihn: »Glauben Sie an die Liebe?« Er sagte: »Selbstverständlich!« Da antwortete ich: »Und jetzt komme ich! Ich war gerade auf dem Parkplatz, und ich habe sie nicht gesehen. Auf dem Podium sehe ich sie auch nicht, am Boden liegt sie auch nicht – und Sie glauben an die Liebe? Aber kommen Sie zu mir nach Hause, dann zeige ich Ihnen meine Frau.« Da sagte er: »Wenn ich mit Ihnen gehe, sehe ich Ihre Frau – aber keine Liebe …«

Ich kann nicht beweisen, dass es Liebe gibt, und trotzdem glaube ich an sie. Es gibt viele Dinge, die wir nicht sehen, die aber eine Realität sind, an die wir glauben. Ich glaube zum Beispiel an Hoffnung. Ich kann dir zwar nicht beweisen, dass es Hoffnung gibt, aber ich glaube trotzdem daran. Wenn wir tatsächlich durch Zufall entstanden sein sollten, dann gäbe es keinen Sinn und keine Hoffnung. Worauf hoffen wir, wenn Hoffnung eine Illusion ist? Und wenn dieses Leben nur Zufall wäre, dann könnte es keinen Sinn haben, denn Zufall kann keinen Sinn erzeugen. Warum fragt der Mensch dann überhaupt nach Sinn? Warum wollen wir etwas Sinnvolles tun, wenn das Ganze keinen Sinn ergibt? Darüber muss ich nachdenken. Darauf muss ich Antworten finden.

Victor Frankl, der Begründer der Logotherapie, sagte: »Der beste Beweis dafür, dass es so etwas wie Wasser gibt, ist die Tatsache, dass der Mensch Durst hat. Und der beste Beweis dafür, dass es so etwas wie einen Sinn im Leben gibt, ist die Tatsache, dass der Mensch nach Sinn fragt.« Und ich würde hinzufügen: Der beste Beweis dafür, dass es Gott gibt, ist die Tatsache, dass der Mensch nach Gott fragt!

Wenn dieses Leben nur Zufall wäre, dann könnte es keinen Sinn haben.

Ich komme viel in dieser Welt herum und war schon in Gegenden, wo es keine Schulen oder Krankenhäuser gab. Aber ich war noch nie in einer Gegend, wo es keine Anbetungsstätte gab. Der Mensch fragt also nach Gott. Aber warum, wenn es ihn nicht gibt? Für mein Leben gilt, dass die Straße des Glaubens ein größeres Gewicht hat als die Straße des Unglaubens und des Zweifels. Es ist wie mit der Dunkelheit und dem Licht: Die Abwesenheit von Licht ist Dunkelheit. Aber Licht ist mehr als nur die Abwesenheit von Dunkelheit. Genauso ist Zweifel das Fehlen von Glauben, aber der Glaube ist mehr als nur das Fehlen von Zweifel.

Ehrliche und unehrliche Zweifel

Es gibt legitime Zweifel – wir beginnen zu zweifeln durch die harte Lebenswirklichkeit. Der Zweifel ist einfach da. Wir wollen glauben, können es aber nicht. Das ist legitim. Es geht uns dann wie dem Vater in Markus 9,22-24, der mit seinem besessenen Sohn zu den Jüngern kam, die ihn nicht heilen konnten. Dann aber kam Jesus – und der Vater sagte: »*Wenn du etwas kannst, dann hilf uns!*« Und Jesus antwortete: *»Dem Glaubenden ist alles möglich!«* Da sagte der Vater – und ich liebe diesen Satz: *»Ich glaube, hilf meinem Unglauben!«*

So geht es mir oft: Ich will gern glauben, aber ich kann nicht! *»Gott, hilf meinem Unglauben!«* Da geht es also um ehrliche, berechtigte Zweifel. Berechtigte Zweifel stärken letztlich sogar meinen Glauben, weil ich ihn dadurch hinterfrage. Ich habe in den letzten 20 Jahren extrem viel gelesen und muss daher immer hinterfragen, ob das, was ich glaube, stimmt. Andernfalls wollte ich es nicht aussprechen. Diese Art von Zweifel festigt also letztlich sogar unser Fundament.

Berechtigte Zweifel stärken letztlich sogar meinen Glauben, weil ich ihn dadurch hinterfrage.

Anders als den legitimen Zweifel gibt es aber auch einen tödlichen, ich nenne ihn »unehrlichen« Zweifel. Oder nennen wir ihn besser »willentlichen Unglauben«. Den sehe ich bei Menschen, die sich entschieden haben, im Zweifel zu verharren. Egal, welche Fakten du dieser Person vorlegst – sie will nicht glauben und hat damit nicht Zweifel, sondern willentlichen Unglauben.

Ich spreche häufig bei Vorträgen auch vor Leuten, die nicht unbedingt gläubig sind. Diese kommen manchmal zu mir – vor allem die Männer, die oft zeigen wollen, was sie alles wissen – und haben viele Fragen. Manchmal merke ich aber nach einer Zeit: Dem geht es gar nicht darum, dass ich seine Fragen beantworte! Stattdessen will er nur in seinem Zweifel verharren. Ein ehrlicher Zweifler müsste auch seine Zweifel anzweifeln, da jede Skepsis, jedes Hinterfragen einer Aussage und jeder Zweifel auf einer Annahme beruhen. Diese Annahme aber kann ich genauso wenig beweisen wie umgekehrt den Glauben. Darum ist jeder Zweifel – wie skeptisch oder zynisch er sein mag – im Grunde ein alternativer »Glaube«.

Der eine sagt etwa: Ich glaube, dass es einen Gott gibt. Das ist also sein Glaube. Der andere sagt: Ich glaube, dass es keinen Gott gibt. Das ist genauso ein »Glaube«. Wir sollten demnach auch unseren Unglauben hinterfragen – denn auch er beruht auf einer Annahme, die wir nicht beweisen können. Es ist übrigens meine tiefe Überzeugung, dass die meisten Menschen in unserer Kultur sehr wohl wissen, dass es einen Gott – jemanden Höheres – gibt, aber dieses Wissen wird oft verdrängt. Das aber ist nicht Zweifel, das ist Verdrängung.

Über den christlichen Zweifel schreibt die Bibel in Jakobus 1,5, wo es auch um einen unehrlichen Zweifler geht – auch Christen können also unehrliche Zweifler sein: »*Wenn es aber jemandem unter euch an Weisheit mangelt, so bitte er Gott, der jedermann gern gibt und niemanden schilt; so wird sie ihm gegeben werden. Er bitte aber im Glauben und zweifle nicht; denn wer zweifelt, der gleicht einer Meereswoge, die vom Winde getrieben und bewegt wird. Ein solcher Mensch denke nicht, dass er etwas von dem Herrn empfangen werde. Ein wankelmütiger Mann, unbeständig auf allen seinen Wegen*« (LUT).

Wir sollten auch unseren Unglauben hinterfragen – denn auch er beruht auf einer Annahme, die wir nicht beweisen können.

Es geht hier um einen wankelmütigen, zweifelnden Mann. Das griechische Wort für »zweifelnd«, »wankelmütig«, »unentschlossen« ist *di-psychos* – das heißt wörtlich »zwei Seelen habend«. Dieser Mensch hat »zwei Seelen« – wir würden sagen: er ist »geteilten Herzens«. Einerseits bekennt er zwar, dass er an Jesus glaubt, rechnet aber andererseits überhaupt nicht mehr damit, dass Jesus irgendetwas tun kann. Er erwartet nichts mehr von Gott. Martin Lloyd Jones sagt über solche Christen: »Das Hauptproblem beim Kleingläubigen ist, dass er nicht viel denkt. Jesus sagt: ›Betrachte die Vögel, die Lilien, das Gras und denke darüber nach.‹ Wahrer Glaube denkt auch über die göttlichen Zusagen nach.« Das ist wichtig. Du kannst in deinen Zweifeln verharren – oder du hörst und schaust hin: das Gras, die Lilien, die Sterne. Wo kommt das Ganze her? Was lässt sie leben und bestehen? Das hilft uns!

Glaube trotz Zweifeln

Vor Jahren wurde mir bewusst, dass manches von dem, was ich in meinen Büchern schreibe und in meinen Vorträgen sage, revolutionär ist. Wenn also das, was ich sage, nicht stimmt, dann bin ich einer der größten Verführer und Lügner. In meinen Zweifeln – und die hatte ich oft – dachte ich manchmal: »Ich kann das nicht mehr tun!« Manchmal konnte ich nicht einmal selbst glauben, was ich predigte. Ich habe es trotzdem getan und weiter verkündigt; aber ich konnte es nicht glauben. Und vor Jahren habe ich mir dann überlegt, dass das nicht ehrlich ist und dass ich mit dem Predigen aufhören müsste. Genau da fand ich einen Zettel in der Post mit einem Satz in der Mitte: »Wenn du nicht mehr an das Evangelium glauben kannst, dann geh auf die Straße und predige es.«

Wenn du nicht mehr an das Evangelium glauben kannst, dann geh auf die Straße und predige es.

Dieser Satz hat etwas in mir ausgelöst. Zuerst dachte ich: »So ein Blödsinn! Das ist ja ein Widerspruch!« Dann habe ich aber tiefer darüber nachgedacht – das schadet ja nie –, und mir fiel ein, dass Jesus gesagt hat: »Die Wahrheit macht euch frei.« Jesus hat nicht gesagt: »Deine Überzeugung macht frei«, sondern die Wahrheit. Ob du überzeugt bist davon oder nicht, ist ziemlich egal. Predige die Wahrheit, und Menschen werden frei!

Seit diesem Tag habe ich völlige Freiheit, die Wahrheit zu predigen, egal ob ich sie gerade selbst fühle und gewiss glaube oder nicht. Das ist irrelevant. Wichtig ist, die Wahrheit zu predigen – egal, was ich gerade fühle. Darum empfinde ich es als Pflicht, die Wahrheit auch dann zu predigen, wenn ich selbst daran im Moment Zweifel und Anfragen habe. Genau das gefällt mir an dem vorher angeführten Bericht von Matthäus 28: Da erschien der auferstandene Jesus direkt und sichtbar vor ihnen – aber einige zweifelten dennoch! Und Jesus sagte: *»Geht hin in alle Welt und predigt das Evangelium und tauft sie …«* Er sagte nicht: »Wer zweifelt, geht erst mal zur Bibelschule!« Warum können alle gehen? In Vers 17 heißt es: *»Als sie ihn sahen, warfen sie sich vor ihm nieder. Einige aber zweifelten, und Jesus trat zu ihnen und redete mit ihnen und sprach: Mir ist gegeben alle Macht im Himmel und auf Erden. Geht nun hin und macht alle Nationen zu Jüngern!«* (ELB).

Warum gehen wir? Weil Jesus alle Macht hat, nicht weil wir so überzeugte Christen sind! Das ist der Grund, warum ich predige. Meine momentanen Zweifel sind kein Grund dafür, dass Gott mich nicht gebrauchen kann!

Meine momentanen Zweifel sind kein Grund dafür, dass Gott mich nicht gebrauchen kann!

Wenn ich fundamentale Zweifel an Gott und seinem Wort habe, dann schaue ich mich auch in der Welt um und forsche, was die Welt sonst noch zu bieten hat. Ich bin so gestrickt: Ich informiere mich über Philosophie, Religionen, Materialismus, Hedonismus. Und was entdecke ich? Diese Welt hat nicht viel zu bieten! In Johannes 6 predigte Jesus darüber, dass man sein Blut trinken und seinen Leib essen soll. Das wurde den Leuten zu viel, und sie liefen davon. Am Ende fragte Jesus seine Jünger: *»Wollt ihr auch gehen?«* Und dann sagte Petrus gewaltige Worte: *»Herr, wohin sollen wir gehen? Du hast Worte des ewigen Lebens«* (Johannes 6,68; LUT). Wenn ich also an Jesus Christus, an seiner Liebe, an seiner Existenz zweifle, dann drehe ich mich mal um und schaue, was es sonst noch gibt in der Welt. Und ich stelle fest: Es gibt nicht viel! Ich habe noch keine echte Alternative zu Jesus Christus gefunden.

Ein anderer Weg für mich: Ich gehe mit Gott spazieren und sage ihm meine Zweifel. Warum? Weil ich objektiv bleiben will. Ich weiß ja: Die Möglichkeit, dass Gott existiert, ist immer da. Deswegen gehe ich spazieren und spreche ihn an: »Gott, ich glaube zwar im Moment gar nicht, dass es dich gibt, aber ich rede trotzdem mit dir, denn die Möglichkeit, dass es dich gibt, ist da. Wenn es dich nicht gibt, rede ich mit der Luft und das tut nicht weh.« Ich sage Gott alles, was ich denke und fühle. Ich sage ihm meine Zweifel und rede mit ihm über meinen Unglauben. Das Schöne daran ist: Wann immer ich ehrlich mit Gott bin, ist er auch ehrlich und offen mit mir. Ohne Ausnahme hat mir Gott dann Gewissheit geschenkt: »Hans Peter, es ist okay! Mach weiter!«

Wann immer ich ehrlich mit Gott bin, ist er ehrlich und offen mit mir.

Wir können Gott niemals mit unseren Zweifeln enttäuschen. Nie! Er kennt mich genau und täuscht sich nicht in mir! Darum kann ich ihn auch nie enttäuschen. Ihm gegenüber kann ich absolut ehrlich sein. Es ist solch ein Blödsinn, beim Beten in Floskeln zu reden, die ich gar nicht unbedingt meine. Jesus liebt Ehrlichkeit! Die größten Probleme hatte er mit Heuchlern. Mit »Pharisäern« kam er nicht zurecht. Und gerade die frommen Christen müssen sehr vorsichtig sein – sie sind eng mit den Pharisäern verwandt. Pharisäer sind nicht immer die anderen – der Pharisäer ist in uns: Gerade, wer die Bibel sehr ernst nimmt, ist da gefährdet.

Ein anderer guter Weg für mich ist das Betrachten der Schöpfung. Es hilft mir sehr: Ich gehe einfach auf meine Berge zu Hause, ich schaue einen Sonnenuntergang an oder die Vögel. Ich sehe in Kinderaugen – und ich weiß: Es muss einen Gott geben.

Und ich habe noch etwas gelernt: Ich danke Gott für meine Zweifel. In der Bibel lesen wir: »*Sagt in allem Dank! Denn dies ist der Wille Gottes in Christus Jesus für euch*« (1. Thessalonicher 5,18; ELB). Ich soll ihm also auch für meine Zweifel danken – auch wenn ich sie nicht will. Ich habe ja schon oft darum gebetet, dass er sie mir wegnimmt – aber Gott lässt sie mir. Wenn das so ist, dann wird er dafür einen Grund haben. So habe ich also gelernt, ihm auch dafür zu danken.

Wichtig geworden ist es mir in meinen Zweifeln, mich auf Jesus zu konzentrieren – und nicht auf meine Zweifel oder meinen Glauben. Jemand schrieb mal: »Schau Gott, wie ich in die Kirche gehe!« Aber Jesus Christus sagt: »Schau lieber, wie ich ans Kreuz ging!« Ich konzentriere mich manchmal zu sehr darauf, ob ich Glauben habe, richtig lebe, das richtige Verhältnis zu Gott habe. Aber das bewirkt Zweifel! Denn an mir muss ich immer zweifeln. Also schaue ich weg von mir und auf das, was Christus getan hat. Das ist heilsam für mein Zweifelsleben. Darum habe ich eine solche Heilsgewissheit. Darum gehe ich so froh mit Jesus: Es liegt ja nicht an mir! Auch wenn mich Zweifel bestimmen und mein Herz spalten wollen: Er wird mich bewahren!

Dankbarkeit als Schlüssel zum Leben

Von Johannes Tauler – einem deutschen Mystiker, Prediger und Theologen des 14. Jahrhunderts – wird eine Geschichte überliefert, die mich tief beeindruckt und angeregt hat. Dieser betete acht Jahre lang, dass Gott ihm den Weg zur Perfektion zeigen möge. Eines Tages, während er betete, vernahm er eine leise Stimme, die ihm sagte, er solle aus der Kirche hinausgehen, um dort seinen Lehrer zu treffen. Sofort stand er auf und trat auf die Straße hinaus. Doch dort sah er nur einen Bettler stehen, barfuß, verletzt und blutig. Johannes Tauler grüßte den Bettler herzlich und sagte: »Guten Morgen, mein Bruder. Möge Gott dir einen guten Tag und ein glückliches Leben schenken!« Der Bettler antwortete: »Mein lieber Herr, ich kann mich nicht daran erinnern, dass ich jemals einen schlechten Tag gehabt hätte!«

Ich kann mich nicht daran erinnern, dass ich jemals einen schlechten Tag gehabt hätte!

Erstaunt fragte ihn Tauler, wie so etwas möglich sei, wo doch Trauer und Schmerz Teil eines jeden Menschenlebens seien. Darauf sagte der Bettler: »Sie haben mir einen guten Tag gewünscht, und ich antwortete, dass ich noch nie einen schlechten Tag hatte. Wissen Sie, ich danke Gott jeden Tag, egal ob mein Bauch voll oder leer ist. Wenn ich ausgestoßen und verachtet werde, preise ich dennoch meinen Herrn. Ich vertraue Gott einfach, dass *er* es absolut gut mit mir meint, darum gibt es für mich keinen schlechten Tag. Sie haben mir auch ein glückliches Leben gewünscht. Nun, ich bestehe darauf, dass ich immer glücklich bin. Etwas anderes zu sagen wäre unwahr, denn meine Erfahrung hat mir gezeigt, dass alles, was Gott in meinem Leben tut, gut ist. Alles, was ich im Leben empfange, empfange ich aus der liebenden Hand Gottes. Sei es Reichtum oder Armut, sei es bitter oder süß – ich empfange beides aus *seiner* gebenden Hand. Darum bin ich immer glücklich!«

Dieser Bettler kannte die Verlorenheit der Welt nicht nur gefühlsmäßig oder intellektuell, sondern er erlebte die Verkehrtheit und Ungerechtigkeit der Welt am eigenen Leib. Und dennoch war er dankbar und deshalb glücklich. Das Glück dieses Bettlers war offensichtlich davon bestimmt, dass er an die Liebe und Güte eines persönlichen Gottes glaubte und sich entschloss, immer und für alle Dinge »Danke« zu sagen. Wenn wir doch so ein Vertrauen zu Gott gewinnen könnten, dass unser himmlischer Vater es gut mit uns meint. Wenn wir es doch lernten, ihm immer zu danken, weil wir wissen, er gibt uns das, was wir brauchen. Denn dankbare Menschen mobilisieren immer wieder Kräfte und sind in der Lage, zuversichtlich weiterzugehen und andere Menschen zu ermutigen.

Wenn wir doch so ein Vertrauen zu Gott gewinnen könnten, dass unser himmlischer Vater es gut mit uns meint.

Ich kann aus meinem Leben nicht viele Tugenden aufzählen, die ich gelernt hätte, aber im Jahr 1989 habe ich einen für mich wichtigen Entschluss gefasst – ich habe mich entschieden, Gott *immer* und *unter allen Umständen* zu danken. Irgendwie ist mir damals am Ende eines Gesprächs mit Major W. Ian Thomas während meiner Bibelschulzeit in Capernwray Hall in England sein abschließender Satz hängengeblieben, als er mir nachrief: »Don't forget to say thank you!« – »Vergiss nicht, Danke zu sagen!«

Damit gab er mir einen entscheidenden Rat, den schon der Apostel Paulus an seine Gemeinden schrieb: *»Seid dankbar in allen Dingen; denn das ist der Wille Gottes in Christus Jesus an euch«* (1. Thessalonicher 5,18; LUT). Oder so knapp wie überschwänglich in Kolosser 2,7: *»Seid reichlich dankbar!«* – wörtlich: *»Seid überreich, überfließend, überströmend in Danksagung!«* Obwohl es mir seitdem sicher nicht immer gelungen ist, in jeder Situation dankbar zu sein, ist diese Erkenntnis wahrscheinlich der wichtigste Schlüssel an meinem Schlüsselbund zu einem erfüllten Leben geworden. Damals entschloss ich mich zu glauben, dass Gott kein Lügner, sondern immer die Wahrheit ist. Ich wollte an meiner Erkenntnis festhalten, dass Gott es bei allem nicht böse, sondern gut mit mir meint. Durch all mein Zweifeln und Hadern hindurch habe ich bis heute diesen Entschluss durchgehalten und möchte es – mit Gottes Hilfe – auch bis an mein Lebensende tun.

Seid überreich, überfließend, überströmend in Danksagung!

Die meiste Zeit fällt es mir leicht, Gott zu danken. Wenn ich morgens aufstehe und mir nichts wehtut, ich gesund bin, wenn der Tag so läuft, wie ich es mir vorgestellt habe, wenn ich mich mit Hannelore, meiner Frau, gut verstehe und abends einen Sonnenuntergang genieße – dann ist es nicht schwer, dankbar zu sein. Aber wenn ich bereits beim Aufstehen Lustlosigkeit empfinde, Kopfschmerzen habe und müde bin, wenn wir uns zu Hause gestritten haben und es Probleme mit den Kindern gibt, wenn die drei ersten Botschaften im Büro im Tauernhof schlechte Botschaften sind – dann und bei vielem mehr muss ich mich erst ganz bewusst daran erinnern, dankbar zu sein. In diesen Momenten ist es nicht leicht zu danken – aber es ist möglich!

Immer wieder spreche ich mit Menschen, die sich in schwierigen Situationen befinden. Sie sind arbeitslos, ihr Ehepartner ist untreu geworden, sie leiden an einer langwierigen Krankheit oder sind in eine Depression gefallen. Früher oder später stelle ich diesen Personen die Frage: »Hast du Gott schon in deiner Situation gedankt?« Die Mehrzahl der Befragten schaut mich erst einmal verwundert an, schüttelt verwirrt den Kopf und ist überzeugt, meine Frage missverstanden zu haben. Es klingt für sie fast gotteslästerlich, jetzt Gott danken zu wollen. Dann öffne ich die Bibel und zeige ihnen jene Stellen, an denen wir lesen, dass wir zu jeder Zeit und in allen Situationen und im Hinblick auf alles Gott überfließend danken sollen (Epheser 5,20; Kolosser 2,7; 1. Thessalonicher 5,18; vgl. 2. Korinther 12,9 ff.).

Unser rationales, menschliches Denken schreit hier laut auf und sagt: »Es ist doch völlig irrational und verrückt, im Hinblick auf etwas zu danken, das schmerzhaft, negativ, ja sogar böse ist!« Wie kann ich Gott danken, wenn mein Ehepartner todkrank oder mein Kind behindert ist? Wie kann ich Gott danken, wenn ein Missionar ermordet wurde? Das ist nicht logisch und für die meisten Menschen schwer nachvollziehbar. Aber an dieser Stelle möchte ich uns daran erinnern, dass Gott seinen Sohn nicht in die Welt sandte, um uns logische Dinge zu vermitteln. Vielmehr wurde Jesus Christus Mensch, um uns in alle Wahrheit zu leiten. Jesus hat so manche Dinge gesagt, die im ersten Moment nicht logisch erscheinen, aber sie sind wahr.

Freilich mag das Unbehagen auch daher rühren, dass wir gerade die Aufforderung in Epheser 5,20 verkürzt oder falsch verstehen: *»Saget Dank Gott, dem Vater, allezeit und im Hinblick auf alles, im Namen unseres Herrn Jesus Christus!«* Dies gilt umso mehr, als in manchen Übersetzungen zusätzlich provozierend formuliert wird »für alles«. Da stellt sich für viele unwillkürlich die Frage: »Soll ich Gott denn wirklich *für* alles – auch für offensichtlich böse und leidvolle Dinge danken? Es wäre ganz missverständlich und irreführend, wenn wir uns zwingen wollten, für das Böse, das Unrecht, den Verlust eines geliebten Menschen oder das Leiden selbst und an sich und als solches zu danken!

Jesus Christus, der Sohn Gottes, hat uns als das Wort des Lebens offenbart, dass Gott Licht ist, »und in ihm ist keine Finsternis« (1. Johannes 1,5; LUT)! Wir dürfen durch Jesus Christus fest davon überzeugt sein, dass Gott von seinem Wesen her und in Person Liebe ist, denn *»Gott ist Liebe«* (1. Johannes 4,8.16; LUT) – und deshalb weder Hass noch Gleichgültigkeit noch Grausamkeit! So bezeugt auch Jakobus: *»Alle gute Gabe und alle vollkommene Gabe kommt von oben herab, von dem Vater des Lichts, bei dem keine Veränderung ist noch Wechsel des Lichts und der Finsternis«* (Jakobus 1,17; LUT). Gott ist nicht wechselhaft, noch ist sein Wesen gespalten. Nicht alles, was in dieser Welt und Geschichte geschieht, wird also als der ursprüngliche und unmittelbare Wille Gottes verstanden. Sowohl der Bericht vom Sündenfall (1. Mose 3; Römer 5,12-21; 7,7-25) als auch die Rede vom »Bösen«, vom »Widersacher« und »Fürsten dieser Welt«, zu dessen Überwindung Jesus Christus gekommen ist (Johannes 12,31; 16,11; 1. Joh 3,8; Hebr 2,14 f.), setzen das Gegenteil voraus.

Wir sollen also nicht *für* das Leid, den Verlust, die Ungerechtigkeit und das Böse *als solches* danken. Aber wir können und dürfen sogar *in* diesen Leiderfahrungen dem Vater Jesu Christi danken und vertrauen, dass er uns dennoch liebt – auch wenn wir ihn bei dem, was gerade geschieht, nicht verstehen. Wir dürfen ihm als dem Licht und der Liebe danken und zutrauen, dass er sogar noch Leid und Verlust in seiner großen Güte erhellen kann. Er vermag sogar von Menschen böse Gemeintes durch seine Liebe zum Guten zu wenden. Den Neuanfang und den guten Ausgang trauen die Dankbaren nicht dem Bösen und dem Tode zu, sondern der Güte und der Lebensmacht Gottes.

Wir dürfen ihm als dem Licht und der Liebe danken und zutrauen, dass er sogar noch Leid und Verlust in seiner großen Güte erhellen kann.

Das klassische Beispiel aus der Bibel ist Josef, einer der zwölf Söhne Jakobs (1. Mose 37–50). Er war der Lieblingssohn seines Vaters, und seine Brüder hassten ihn deshalb. Eines Tages, als sie auf dem Feld arbeiteten und ihr »kleiner Bruder« ihnen etwas zu essen brachte, entschlossen sie sich, ihn zu ermorden. Der älteste Bruder, Ruben, hatte dann doch etwas Skrupel, und so verkauften sie Josef an ein paar Händler, die nach Ägypten unterwegs waren. Dort endete er schließlich für viele Jahre im Gefängnis. Seine Brüder belogen ihren Vater und sagten ihm, dass sein Lieblingssohn von einem wilden Tier gefressen worden wäre. Nachdem etwa zwanzig Jahre vergangen waren, breitete sich eine große Hungersnot im ganzen Land aus. Josef wurde inzwischen aus dem

Gefängnis entlassen, und weil er einen Traum des Pharao deuten konnte, wurde er von ihm zum obersten Verwalter in Ägypten eingesetzt. Die Hungersnot betraf nicht nur Ägypten, sondern auch die umliegenden Länder. Und so kam es, dass Jakob seine Söhne nach Ägypten schickte, um dort Getreide zu kaufen, damit sie vor dem Hungertod bewahrt blieben. Als die Brüder in Ägypten eintrafen, fielen sie vor dem obersten Verwalter Ägyptens nieder. Josef seinerseits erkannte seine Brüder und sagte schließlich folgende Worte zu ihnen:

»Ich bin Joseph, euer Bruder, den ihr nach Ägypten verkauft habt. Und nun seid nicht bekümmert, und werdet nicht zornig auf euch selbst, dass ihr mich hierher verkauft habt! Denn zur Erhaltung des Lebens hat Gott mich vor euch her gesandt. Denn schon zwei Jahre ist die Hungersnot im Land, und es dauert noch fünf Jahre, dass es kein Pflügen und Ernten gibt. Doch Gott hat mich vor euch her gesandt, um … euch am Leben zu erhalten für eine große Errettung. Und nun, nicht ihr habt mich hierher gesandt, sondern Gott« (1. Mose 45,4-8; ELB). – *»Ihr zwar, ihr hattet Böses gegen mich beabsichtigt; Gott aber hatte beabsichtigt, es zum Guten zu wenden«* (1. Mose 50,20; ELB).

Obwohl die Motivation der Brüder zwanzig Jahre vorher absolut böse gewesen war, erkannte Josef, dass letztlich Gott ihn dort hingestellt hatte. Die Brüder hatten damals keine Gebetsgemeinschaft gehalten, in der sie nach Gottes Willen fragten, ob sie Josef nun verkaufen sollten oder nicht. Nein, ihre Motivation war absolut böse, und ihr Bruder Josef erlitt großes Unrecht in den Jahren im Gefängnis. Und doch war Gottes perfekter Wille geschehen, denn er vermochte selbst noch die böse Absicht der Brüder unter sein gutes Ziel der Rettung und Bewahrung zu zwingen. Josef hieß das Handeln seiner Brüder nicht gut, aber er konnte vom Ende her Gottes Handeln in allem erkennen. Und darum konnte er dankbar sein »allezeit« und »in allem« und »unter allen Umständen«, so wie Paulus es im ersten Brief an die Thessalonicher (5,18) geschrieben hat.

Ahnen wir allmählich, warum gerade unsere tiefe und ständige Dankbarkeit gegenüber Gott der wichtigste Schlüssel an unserem Schlüsselbund zu einem erfüllten Leben werden kann? Wahrscheinlich müssen wir in unserem Alltag noch etwas üben, bis wir die feste und stete Haltung der Dankbarkeit gewonnen haben, die der Bettler einst gegenüber Johannes Tauber zum Ausdruck brachte: »Ich kann mich nicht daran erinnern, dass ich jemals einen schlechten Tag gehabt hätte! … Ich vertraue Gott einfach, dass *er* es absolut gut mit mir meint, darum gibt es für mich keinen schlechten Tag. … Alles, was ich im Leben empfange, empfange ich aus der liebenden Hand Gottes. Sei es Reichtum oder Armut, sei es bitter oder süß – ich empfange beides aus *seiner* gebenden Hand. Darum bin ich immer glücklich!«

Behüte dein Herz!

Die vier Feinde des Herzens

Aus dem Buch der Sprüche lernen wir die Weisheit: *»Mehr als alles was man sonst bewahrt, behüte dein Herz. Denn in ihm entspringt die Quelle des Lebens«* (Sprüche 4,23; ELB).

Was ist eigentlich das Herz, von dem in der Bibel so zentral die Rede ist und das dort ca. 790 Mal erwähnt wird? Das Herz gilt als das Innerste des Menschen; das Herz ist das, was einen Menschen ausmacht. Vom Herzen geht aus, was der Mensch wirklich ist; und durch den Körper kommt dann zum Ausdruck, was der Mensch eigentlich, was er von Herzen ist. Was immer das Herz beeinflusst und bestimmt, das wird schlussendlich im Verhalten zum Ausdruck kommen. Was immer ein Mensch in seinem Herzen denkt und glaubt, das wird schlussendlich an seinem Verhalten und Reden sichtbar werden.

Was immer ein Mensch in seinem Herzen denkt und glaubt, das wird schlussendlich an seinem Verhalten und Reden sichtbar werden.

Man kann es wohl nicht treffender und entwaffnender formulieren als Jesus: »*Wie könnt ihr Gutes reden, die ihr böse seid? Wes das Herz voll ist, des geht der Mund über. Ein guter Mensch bringt Gutes hervor aus dem guten Schatz seines Herzens; und ein böser Mensch bringt Böses hervor aus seinem bösen Schatz*« (Matthäus 12,34 f.; LUT).

Wir können mit unserem äußeren Verhalten und Reden vorgeben, jemand zu sein, der wir eigentlich gar nicht sind; aber das sind dann nicht wirklich wir selbst, wir sind es nicht von Herzen. Wir mögen uns sogar selbst vormachen, jemand anderer zu sein, als wir in unserem Herzen sind, und mögen versuchen, anderen unser

Idealbild vorzuspielen. Aber auch das sind dann nicht wir selbst; wir sind es nicht wirklich und von innen heraus, es kommt nicht von Herzen. Wir sind nicht wirklich die, die wir zu sein glauben, sondern wir sind das, was wir glauben – was Ursprung und Mitte unseres Denkens, Redens und Verhaltens ist, was wir von Herzen sind.

Spätestens in Krisensituationen kommt zum Ausdruck, wer wir als Menschen wirklich sind. Man könnte vielleicht sagen: Nicht an den *Aktionen* erkennt man den Charakter, das Herz eines Menschen, sondern an seinen *Reaktionen.* Wir sollten uns nicht zu sehr von dem beeindrucken lassen, was andere Menschen planen und bewusst *tun*, sondern darauf achten, wie Menschen in Krisen und unter Spannung *reagieren.* Dann kommt nämlich am ehesten unser wahres Ich zum Vorschein, das, was wir in unserem Innersten und von Herzen sind.

Wir mögen über die Jahre gelernt haben, unser Verhalten und unser äußeres Auftreten zu kontrollieren, wenn wir aber nicht unser Herz erneuern lassen und »behüten«, ist es nur eine Frage der Zeit, wann der Widerspruch zwischen unserer äußeren Rolle und unseren Gedanken des Herzens offenbar wird. Über die Jahre geht die Schere zwischen Herz und Verhalten immer weiter auseinander, bis wir es irgendwann nicht mehr verbergen können und es herausbricht. Wir sitzen hier alle im gleichen Boot: Es fällt uns leichter, unser Verhalten zu kontrollieren, als unser Herz zu prüfen. Noch mehr Kraft als das Aufrechterhalten unseres äußeren Scheins kostet uns die Auseinandersetzung mit unserem inneren Sein.

Noch mehr Kraft als das Aufrechterhalten unseres äußeren Scheins kostet uns die Auseinandersetzung mit unserem inneren Sein.

Bei dieser wahrhaft zentralen Bedeutung des Herzens wundert es nicht, dass Gottes Gebot und seine Verheißung, dass Gottes Anspruch und Zuspruch unser Herz im Blick hat und nicht nur unser äußeres Verhalten, Reden und Handeln. Als das größte und erste Gebot im Alten wie im Neuen Testament gilt die grundlegende Bestimmung und umfängliche Forderung: *»Du sollst den Herrn, deinen Gott, lieben von ganzem Herzen, von ganzer Seele und mit all deiner Kraft«* (5. Mose 6,5; LUT).

Wenn wir aber als Menschen nicht durch äußere Veränderungen und äußeres Verhalten in unserem Sein und Innersten verändert werden, sondern gerade umgekehrt, dann brauchen wir nicht nur eine äußere Ermahnung, sondern vielmehr eine wesentliche Veränderung von innen heraus. Deshalb sagt Gott dem verhärteten und innerlich versteinerten Volk durch den Propheten Hesekiel nicht ein neues Gesetz, sondern die Erneuerung des Herzens zu: *»Ich werde euch ein neues Herz geben und einen neuen Geist in euer Inneres geben; und ich werde das steinerne Herz aus eurem Fleisch wegnehmen und euch ein fleischernes Herz geben«* (Hesekiel 36,26; ELB). Und der König David bittet nach seinem unverzeihlichen Verhalten des Ehebruchs und des Mordes in Psalm 51,12 Gott um nicht weniger als die Erneuerung, ja die Neuschöpfung seines Herzens: *»Schaffe in mir, Gott, ein reines Herz, und gib mir einen neuen, beständigen Geist«* (LUT).

> Als von innen Erneuerte dürfen und können wir es lernen, unser Herz vor dem zu behüten, was uns und anderen schadet. Wir können unser Herz als Zentrum unserer Persönlichkeit trainieren.

Für diejenigen aber, die im Glauben an Jesus Christus eine Neuschöpfung erfahren haben und die durch Gottes Geist der Liebe grundsätzlich von innen her erneuert wurden, bekommt der Rat aus Sprüche 4,23 eine ganz neue und ermutigende Bedeutung: *»Mehr als alles, was man sonst bewahrt, behüte dein Herz. Denn in ihm entspringt die Quelle des Lebens«* (ELB). Als von innen Erneuerte dürfen und können wir es lernen, unser Herz vor dem zu behüten, was uns und anderen schadet, was in Widerspruch und Feindschaft gegenüber Gottes Geist in unserem Herzen steht. Wie wir unsere körperlichen Muskeln und unsere Kondition trainieren, so können wir unser

Herz als Zentrum unserer Persönlichkeit trainieren. Dabei geht es – wie beim körperlichen Training – weniger um unsere Gefühle und Befindlichkeiten, sondern darum, dass wir es entschieden einüben und ausdauernd und zielstrebig praktizieren.

Was die Zielvorgabe angeht, reden wir als Christen gerne davon, dass wir Jesus Christus ähnlich werden sollten. Gleichzeitig ist uns bewusst, dass wir in unserem Denken, Reden und Verhalten meilenweit davon entfernt sind. Was uns am meisten daran hindert, sind vier »Feinde unseres Herzens« – die vier Herzensfeinde: Schuld, Zorn, Gier und Neid. Generell versuchen wir, diese hässlichen Eigenschaften zu überdecken. Wer will schon zugeben, zornig, gierig oder neidisch zu sein? Aber anstatt sie zu verbergen und zu überspielen, sollten wir anfangen, sie bei uns selbst wahrzunehmen, einzugestehen und ehrlich darüber zu reden. Denn es sind fast immer diese vier Eigenschaften, die eine Ehe, eine Familie, eine Freundschaft, ein Team oder eine ganze Gemeinschaft zerstören.

Jesus selbst formulierte es unmissverständlich: *»Von innen, aus dem Herzen der Menschen, kommen heraus böse Gedanken, Unzucht, Diebstahl, Mord, Ehebruch, Habgier, Bosheit, Arglist, Ausschweifung, Missgunst, Lästerung, Hochmut, Unvernunft«* (Markus 7,21-22; LUT). Die schlechte Botschaft ist, dass jeder von uns für diese Dinge anfällig ist. Die gute Botschaft ist, dass diese destruktiven Eigenschaften im Glauben zu besiegen sind. Sie sind keineswegs *leicht* zu besiegen, aber durchaus *einfach* – d. h. auf eindeutige, geradlinige und konsequente Weise. Gottes Wort gibt uns dazu klare Anweisungen.

1. *Schuld*: Was tue ich, wenn ich mit Schuld beladen bin und deshalb ständig Geheimnisse mit mir herumschleppe? *Ich muss meine Schuld bekennen!* Klar und einfach. Natürlich fällt es uns wahnsinnig schwer, vor Gott und vor Menschen Schuld zu bekennen, weil wir Angst haben, abgestoßen zu werden und unseren Ruf zu verlieren. Wie schwer tun wir uns schon damit, uns unser Versagen und unsere Unzulänglichkeit selbst einzugestehen. Aber

einzig das wahrhaftige Eingestehen und ehrliche Bekennen bricht die Macht der Schuld in unserem Leben.

2. *Zorn*: Zornige Menschen sind verletzte Menschen. Zorn sagt: Du schuldest mir etwas und deshalb habe ich ein Recht darauf, zornig zu sein. Was mache ich, wenn ich mit Zorn kämpfe? Wenn ich ständig diese geheimen Diskussionen in meinem Kopf führe, bei denen ich dem Gegenüber so richtig sage, was ich von ihm halte. In diesen geheimen Diskussionen bin ich natürlich immer der Sieger und alle um mich herum applaudieren, weil ich so gute Argumente habe. Was ist in diesem Fall zu tun? Die Antwort ist nicht kompliziert, wenn sie mir auch schwierig erscheint: *Ich muss vergeben!* Der Apostel Paulus sagt: »*Vergebt einander, so wie auch Gott euch durch Christus vergeben hat*« (Epheser 4,32; ELB). Und wenn die zornigen Gedanken wieder hochkommen, dann bleibt uns nur, wieder und wieder zu vergeben. Denn wenn wir aufhören zu vergeben, dann werden wir unausweichlich zu bitteren und verbitterten Menschen. Das dürfen wir nicht zulassen.

3. *Gier*: Was kann ich machen, wenn ich ständig mit Gier zu tun habe? Wie gehe ich damit um, dass ich immer Entschuldigungen finde, warum es nicht sinnvoll ist, diese Spende oder jenes Geld zu geben? Was soll ich tun, wenn es mir schwerfällt, anderen etwas zu gönnen und von mir Beanspruchtes anderen zu überlassen? *Dann muss ich schlicht und einfach lernen großzügig zu geben!* Nur wenn ich mich zwinge, großzügig zu geben, werde ich jemals die Macht der Gier in meinem Herzen brechen. Gierige Menschen sind keine attraktiven Menschen. Wir müssen nicht so leben. Nicht umsonst lesen wir: »*Denn die Wurzel aller Übel ist die Liebe zum Geld*« (1. Timotheus 6,10; ZUR).

4. *Neid*: Was tun, wenn ich mit Neid und Eifersucht kämpfe? Der neidische Mensch klagt Gott an und sagt: »Warum sehe ich nicht so aus wie sie? Warum bin ich nicht so erfolgreich oder belastbar wie er? Gott, du schuldest mir etwas!« Der Apostel Petrus sagt: »Legt ab allen Neid …« (1. Petrus 2,1; LUT). Die Frage ist: Wie soll

das gehen? Wie werde ich den Neid los? Nun, die Antwort ist wieder so simpel wie schwer zu verwirklichen: *Ich muss lernen, jenen Menschen Komplimente zu machen, die ich am meisten beneide!* Nichts anderes bricht die Macht von Neid in meinem Herzen so nachhaltig, wie dem Beneideten gönnen zu können.

»Ich *muss* meine Schuld bekennen, ich *muss* vergeben, ich *muss* lernen, großzügig zu geben …« Aber *kann* ich das überhaupt? Ist es mir möglich, mich selbst dazu zu überwinden? Kann ich meinem Herzen und meinen Gefühlen gebieten? Wir haben zuvor erkannt, dass Christsein *nicht leicht* ist, dass Christsein aber auch nicht nur *schwer* ist, sondern für uns selbst *unmöglich*! Ich will täglich lernen, dass nicht *ich für* Christus arbeiten muss, sondern dass er selbst als der Auferstandene und Lebendige *durch* mich lebt und wirkt. Somit können wir uns in allem an Jesus wenden und ihm im Gebet sagen: »Herr, *ich* kann das christliche Leben nicht leben. Aber *du* kannst es. So gebrauche auch mich, um heute in dieser Welt zu wirken!«

Christus will in seiner Liebe nicht, dass wir von uns aus stark sind, sondern dass wir ihm gegenüber offen und ehrlich sind.

Wenn wir schon unsere Zweifel mit ihm teilen dürfen und ihm alles wahrhaftig klagen können, wie viel mehr dann auch all unsere Kränkung und Wut, unsere Verletzungen und Ängste. Auch hier will Christus in seiner Liebe nicht, dass wir von uns aus stark sind, sondern dass wir ihm gegenüber offen und ehrlich sind. Hier können wir ganz konkret erleben, dass unsere Abhängigkeit im Verhältnis zu Gott und unser Angewiesensein auf Christus wirklich frei machen.

Die grundsätzliche Erkenntnis, dass Jesus Christus selbst in mir lebt, wird dann für mich zur überwältigenden und prägenden Erfahrung. Wenn er in meinem Herzen und Alltag Dinge vollbringt, die mir selbst weder leicht noch schwer, sondern unmöglich wären, erlebe ich, dass er kann, was ich ohne ihn niemals tun könnte. Dann heißt es nicht: »*Ich* muss vergeben …«, sondern: »Ich *muss* vergeben, weil es notwendig ist; aber ich kann es nicht von mir aus. Deshalb vergib, liebe und segne du, Jesus, durch mich!«

In all diesen Fällen geht es nicht darum, ob wir uns danach fühlen oder nicht, sondern ob wir es mit seiner Hilfe und durch seine Liebe umsetzen, aussprechen und tun. Wo wir schuldig werden, bekennen wir unsere Schuld. Wo sich Zorn anstaut, vergeben wir und streichen die Schuld. Wo wir gierig sind, geben wir, auch wenn es anfangs wehtut. Und wo wir neidisch sind, beginnen wir Komplimente zu machen und andere zu ermutigen. – So können wir unser Herz trainieren! So bewahren wir unser Herz – die Quelle unseres Lebens.

Erste und zweite Liebe

Ein »Schriftgelehrter« – d. h. ein Theologe – kam einmal zu Jesus und fragte ihn, was das »größte Gebot« im Gesetz sei. Jesus antwortete ihm, indem er das Gebot aus 5. Mose 6,5 zitierte: *»Du sollst den Herrn, deinen Gott, lieben mit deinem ganzen Herzen und mit deiner ganzen Seele und mit deinem ganzen Verstand. Dies ist das größte und erste Gebot«* (Matthäus 22,37; ELB). Damit formulierte Jesus für seine Jünger und die spätere christliche Gemeinde, was Gott durch Mose schon Israel einst an herausgehobener Stelle geboten hatte. Das, was Gott vor allem anderen von uns Menschen will und was für ihn das Größte und Erste ist, ist unsere ganzheitliche und ungeteilte Liebe zu ihm. Gott erwartet und wünscht sich an zweiter und an dritter Stelle auch noch anderes, aber als Erstes und vor allem anderen liegt ihm an unserer Liebe.

Als Erstes und vor allem anderen liegt Gott an unserer Liebe.

Es ist etwas Wunderbares und eine Freude, wenn ein Mensch frisch zum Glauben an Jesus Christus kommt, wenn er sich an Jesus Christus wendet, von ihm überwältigt die Vergebung aller Schuld erhält und das Leben empfängt. Wer dies erstmals bewusst erkennt und persönlich erfährt, ist oftmals von der erfahrenen Liebe Jesu ganz überwältigt und kann gar nicht anders, als allen begeistert von seinem neuen Leben zu erzählen und seinen Alltag im Licht dieser alles verändernden Erfahrung zu gestalten. Für diese Phase des Glaubens bezeichnen die Begriffe der »Wiedergeburt« und der »neuen Schöpfung« nicht nur eine geistliche Wahrheit, sondern zugleich ein unmittelbares Gefühl und bisher ungekanntes Erleben. Einige von uns werden sich gewiss selbst gerne an diese anfängliche Freude und Begeisterung ihres jungen Glaubens erinnern. Die Bibel nennt diese überwältigende Erfahrung und dieses ganzheitliche Erfülltsein vom Glauben so treffend »die erste Liebe«.

Aber über die Jahre wird diese erste Liebe bei vielen von dem Empfinden der Selbstverständlichkeit abgelöst, vielleicht sogar von einer Gleichgültigkeit. Wir verstehen uns zwar nach wie vor als Christen, aber die erste Begeisterung ist abgeflacht, und es »funktioniert« mit unserem Glauben nicht so – oder nicht mehr so –, wie wir es uns einst vorstellten. Vielleicht sind wir auch einfach nur in einen Trott hineingekommen, und das Außerordentliche wurde durch die Regelmäßigkeit abgeschwächt.

In Offenbarung 2 ließ Jesus Christus – der sich als der Lebendige und als der Erste und Letzte vorstellt (1,17 f.) – durch den Seher Johannes an die damalige Gemeinde in Ephesus schreiben: »*Ich kenne deine Werke und deine Mühe und dein Ausharren, und dass du Böse nicht ertragen kannst; und du hast die geprüft, die sich Apostel nennen und es nicht sind, und hast sie als Lügner befunden; und du hast Ausharren und hast vieles getragen um meines Namens willen und bist nicht müde geworden. Aber ich habe gegen dich, dass du deine erste Liebe verlassen hast. Denke nun daran, wovon du gefallen bist, und tue Buße und tue die ersten Werke!*« (Offenbarung 2,2-5; ELB).

Zunächst fällt auf, wie wertschätzend all das positive Wirken, die Ausdauer und Leidensbereitschaft, die klare Urteilsfähigkeit und Unermüdlichkeit in der Gemeinde wahrgenommen und anerkannt werden. Aber das Problem ist, dass es nicht die Werke an sich und nicht all die Mühe ist, die Jesus Christus beeindrucken; das was *er* sich wünscht, ist die leidenschaftliche, die erste Liebe, die durch nichts zu ersetzen ist. Für Liebende gibt es keinen Ersatz für die Liebe!

Jesus Christus wünscht sich die leidenschaftliche erste Liebe, die durch nichts zu ersetzen ist.

In 1. Thessalonicher 1,2 schrieb Paulus an seine Gemeinde uneingeschränkt positiv: »*Wir danken Gott allezeit für euch alle, indem wir euch erwähnen in unseren Gebeten und unablässig vor unserem Gott und Vater an euer Werk des Glaubens gedenken und die Bemühung der Liebe und das Ausharren in der Hoffnung auf unsern Herrn Jesus Christus«* (ELB). Interessanterweise kommen auch hier die drei gleichen Begriffe der »Werke«, der »Bemühung« und des »Ausharrens« vor. Allerdings sah Paulus in der Gemeinde in Thessalonich im Unterschied zu der eben beschriebenen Situation in Ephesus Werke des *Glaubens*, Bemühung der *Liebe* und Ausharren in der *Hoffnung*. Denn die Wesensmerkmale eines geistlichen Menschen und der Gemeinde Jesu, die sich von Gott geliebt und erwählt weiß (1. Thessalonicher 1,4), sind nicht »Werke«, »Bemühungen« und »Ausharren« an sich, sondern *Glaube, Liebe* und *Hoffnung* auf unseren Herrn Jesus Christus. Diese drei sind der Maßstab für unser persönliches Wachstum in Christus, und diese drei sind auch Zeugnis und Beweis für eine verlorene Welt, dass Jesus lebt und dass er die Menschen liebt.

Die Wesensmerkmale eines geistlichen Menschen sind nicht »Werke«, »Bemühungen« und »Ausharren« an sich, sondern *Glaube, Liebe* und *Hoffnung* auf unseren Herrn Jesus Christus.

So schrieb Paulus auch als Abschluss und Zusammenfassung seines großen »Hohelieds der Liebe« in 1. Kor 13,13: *»Nun aber bleibt Glaube, Hoffnung, Liebe, diese drei; die größte aber von diesen ist die Liebe«* (ELB). Zuvor zählte er ebenfalls eine ganze Reihe von uneingeschränkt guten und erstrebenswerten Werken und Bemühungen auf, die aber innerhalb einer vertrauensvollen und offenen Beziehung dennoch niemals die Liebe ersetzen oder ihr Fehlen ausgleichen könnten. *»Wenn ich in den Sprachen der Menschen und der Engel rede, aber keine Liebe habe, so bin ich ein tönendes Erz geworden oder eine schallende Zimbel. Und wenn ich Weissagung habe und alle Geheimnisse und alle Erkenntnis weiß und wenn ich allen Glauben habe, sodass ich Berge versetze, aber keine Liebe habe, so bin ich nichts. Und wenn ich alle meine Habe zur Speisung der Armen austeile und wenn ich meinen Leib hingebe, damit ich Ruhm gewinne, aber keine Liebe habe, so nützt es mir nichts«* (1. Korinther 13,1-3; ELB).

Christsein besteht nicht aus Werken und Bemühungen, sondern aus der Liebesbeziehung zu einer Person – es geht darum, zum Herrn Jesus zu kommen und in ihm zu bleiben. *Glaube ist nicht vorrangig Tun und Bemühen, sondern Beziehung und Vertrauen.* Christsein ist die Beziehung zu einer lebenden Person, zu dem auferstandenen Jesus Christus. Um eine Beziehung aufrechtzuerhalten, genügen nicht Werke, Mühe und Ausharren. Man braucht Glaube, Hoffnung und Liebe.

Das ist es, was eine Beziehung ausmacht, und Christsein ist eine Beziehung. In einer Liebesbeziehung geht es nicht vorrangig um das, was der andere kann oder leistet, sondern um ihn selbst und die vorbehaltlose Gemeinschaft von ganzem Herzen und ganzer Seele und mit dem ganzen Verstand.

Wie bei der Gemeinde in Ephesus in Offenbarung 2 mag es vorkommen, dass wir den Verlust unserer ersten Liebe und die allmähliche Veränderung in unserem eigenen Leben gar nicht bemerken. Wir sind so beschäftigt mit den Aufgaben und Pflichten unseres Christseins, dass wir über das Wesentliche unseres Glaubens an Jesus Christus gar nicht mehr nachdenken können. Unser Einsatz in der Gemeinde und in der Welt können uns so beanspruchen, dass wir für den Herrn, der uns sendet, gar keine Zeit mehr haben. Wir sorgen uns um den reibungslosen Ablauf in Verkündigung, Seelsorge und Organisation; aber die intime Beziehung zu unserem Herrn Jesus verlieren wir aus den Augen. Der *Dienst für* Christus wird oft unbemerkt zum Ersatz für die Christus*beziehung*. Wir verstehen uns nicht mehr unmittelbar von Christus und seiner Liebe her, sondern von unserem Wirken und Mühen für ihn. Und ehe wir uns versehen, werden wir von der Anerkennung anderer mehr abhängig als von unserem Herrn. Dieser Gefahr unterliegen wir als hauptamtlich und vollzeitlich beschäftigte Christen eher noch mehr und nicht etwa weniger. Wir

Der *Dienst für* Christus wird oft unbemerkt zum Ersatz für die Christus*beziehung*.

können uns unseren – so sinnvollen und unbegrenzten – *Aufgaben* so hingeben, dass unsere Hingabe an Christus selbst als unseren eigentlichen Aufgaben*geber* darunter leidet. Unser Liebesdienst tritt an die Stelle unserer Liebe von ganzem Herzen.

In Offenbarung 2,4 wird es von dem Herrn Jesus so unausweichlich und erschreckend klar auf den Punkt gebracht: »*Ich kenne deine Werke und deine Mühe und dein Ausharren … Aber ich habe gegen dich, dass du deine erste Liebe verlassen hast.*« Wie weit sind wir von unseren ursprünglichen Anliegen und unserer ersten Liebe abgekommen! Ohne es zu merken, haben wir unsere anfängliche Begeisterung und Echtheit und Herzlichkeit verloren. Und das nicht, weil wir uns bewusst abgewandt hätten oder vom Glauben abfallen wollten, sondern ausgerechnet durch unser Wirken und Mühen für ihn.

Wir können unsere Ziele auch verraten, indem wir sie falsch verwirklichen wollen. Wir können von unseren Ursprüngen auch »abfallen«, indem wir uns abmühen, ihnen auf falschem Wege treu zu bleiben. Wir können uns in unserem Dienst so hingeben, dass wir den Herrn des Dienstes – um den es uns doch einmal eigentlich ging – darüber ganz vergessen. Und das Schlimmste daran ist, dass wir es vielleicht gar nicht merken. »*Denke nun daran, wovon du gefallen bist, und tue Buße und tue die ersten Werke!*« (Offenbarung 2,5; ELB).

Deshalb wollen wir uns selbst immer wieder daran erinnern. Wir sollen uns als Brüder und Schwestern immer wieder gegenseitig darauf aufmerksam machen. Es mag sein, dass für Hörer meiner Predigten und für viele Leser in diesem Buch nicht viel Neues dabei ist. Das ist auch gar nicht meine Absicht. Wir wollen und sollen uns nur gegenseitig an die Wahrheit erinnern, denn wir vergessen sie so schnell. Sie wird uns immer wieder neu wichtig, obwohl sie selbst nicht neu ist.

Wir sind in der sogenannten »Neuzeit« ja immer wieder auf Neues aus und wollen Ungehörtes hören. In der Antike aber, in der die Bibel entstand, stand das »Neue« eher im Verdacht, unwahr zu sein. Wir sollen nicht im oberflächlichen Sinne »*neu*-gierig« sein, sondern gierig darauf bedacht, die lange bewährte Wahrheit neu zu erkennen. Die Wahrheit muss sich nicht ständig verändern; sie bleibt sich treu. Wir wollen nicht neue Wahrheiten vermitteln, sondern uns durch die unveränderliche Wahrheit des Evangeliums neu verändern lassen. Wir wollen nicht Ungehörtes verkünden, sondern uns von der unerhörten Kraft des Wortes Gottes wieder an die Ziele unseres Anfangs erinnern lassen.

Wir wollen nicht Ungehörtes verkünden, sondern uns von der unerhörten Kraft des Wortes Gottes wieder an die Ziele unseres Anfangs erinnern lassen.

Was aber sollen wir selbst nun tun, wenn wir erkennen, dass diese bleibend gültigen und wertvollen Aussagen von Offenbarung 2 nicht nur auf die damalige Gemeinde in Ephesus zutreffen, sondern auch auf mich persönlich und auf meine Gemeindesituation? Nun, die Anweisung Jesu in Offenbarung 2,5 beinhaltet drei klare Antworten:

1. *»Denke nun daran, wovon du gefallen bist!«* – Das Erste und Grundlegende ist, dass wir uns in Ruhe und Ehrlichkeit daran erinnern, was unsere ursprünglichen Erkenntnisse, Überzeugungen und Ziele waren. Das heißt nicht, dass wir direkt zu Beginn unseres Glaubens schon alles Wissen und alle Erfahrung hatten und alle Zusammenhänge schon verstanden hätten. Aber in der ersten Liebe waren wir noch ganz offensichtlich auf die Gnade angewiesen, von der hingebungsvollen Liebe Jesu Christi überwältigt und von Gottes Geschenk des Lebens überrascht. Wir hatten ja nichts, was wir von uns aus hätten bringen können. Es gab ja noch keine Mühen und eigenen Leistungen, die an die Stelle der dankbaren Liebe hätten treten können. Solange wir uns selbst belügen und gegenseitig etwas vormachen, können wir nicht erkennen, wie weit wir uns vom Ursprünglichen entfernt haben. Das Erste ist also das ehrliche

Eingestehen der Distanz zum Ursprünglichen und der Entfernung vom Wesentlichen.

2. »*Tue Buße!*« – Bei der biblischen »Buße« geht es nicht um »Bußleistungen« – d.h. Strafleistungen wie in einem »Bußgeldkatalog«. Es geht auch nicht nur um Bereuen, eigenes Ärgern über sich selbst und ein Zerknirschtsein. All dies könnte ja auch im eigenen gekränkten Stolz und in der Enttäuschung über sich selbst begründet sein. »Buße tun« bedeutet vielmehr, bewusst »umzukehren«, eine willentliche und ganzheitliche Wende zu vollziehen. »Buße« ist die Hinwendung zu Jesus Christus und die Rückkehr in die liebenden Arme Gottes – wie es bei den drei Gleichnissen »vom Verlorenen« in Lukas 15 so eindrücklich deutlich wird. Wer Buße tut, lässt sich von Gott finden.

»Buße« ist die Hinwendung zu Jesus Christus und die Rückkehr in die liebenden Arme Gottes.

3. »*Und tue die ersten Werke!*« – Wie wir schon zu Beginn sagten, ist gegen gute »Werke« an sich nichts einzuwenden; sie werden von Jesus in Offenbarung 2 ja ausdrücklich anerkannt und gefordert. Es wäre ein Missverständnis, zu denken, dass der Glaube sich in unserem Leben nicht »auswirken« solle und wir mit der Betonung des Glaubens zur Untätigkeit aufgefordert würden. Es geht vielmehr um die Begründung, Auswirkung und Funktion der Werke, die kritisch zu hinterfragen sind. Wollen wir uns von unseren Werken her verstehen und rechtfertigen, oder sind sie Ausdruck der empfangenen Gnade und erkannten Liebe? Sind unsere Werke Grundlage unseres Selbstverständnisses oder Ausdruck unserer Gottesbeziehung? Sind sie Ersatz für die Liebesbeziehung oder Auswirkungen der ursprünglichen und vertrauensvollen Beziehung? Sind es eigene Werke oder Werke Gottes durch mich? Oder um es nochmals mit den Worten von 1. Thessalonicher 1,4 zu sagen: Sind es »*Werke des Glaubens, Bemühung der Liebe und Ausharren in der Hoffnung auf unsern Herrn Jesus Christus*« (ELB)?

So wurde Jesus in Johannes 8,28 gefragt: »*Was sollen wir tun, damit wir die Werke Gottes wirken?*« (ELB). Und er antwortete so schlicht wie unmissverständlich: »*Dies ist das Werk Gottes, dass ihr an den glaubt, den er gesandt hat*« (Johannes 6,29; ELB). Was hatten wir vorzuweisen, als wir anfingen zu glauben? Gar nichts! Welche guten Werke konnten wir in die Gottesbeziehung mit einbringen? Nach den Maßstäben des Liebesgebotes von 5. Mose 6,5 und Matthäus 22,37 gar keine! Was hatten wir vorzuweisen? Gar nichts! Wir konnten Gott nur aufs Wort glauben, dass er uns liebt. Wir konnten uns nur Jesus und seiner Gnade anvertrauen. Wir konnten und wollten uns ganz auf ihn und seine Zusage verlassen, dass er uns vergibt und uns in seine Beziehung bleibend aufnimmt. Unsere ersten Werke waren gerade nicht *unsere* Werke, sondern das vertrauensvolle und hoffnungsvolle Leben aus den liebevollen *Werken Gottes. »Denke nun daran, wovon du gefallen bist, und tue Buße und tue die ersten Werke!*« Kehre zurück zu dem kindlichen Vertrauen und der ersten Liebe!

Das größte Problem ist nicht, dass wir die erste Liebe im Laufe der Zeit immer wieder aus dem Blick verlieren. Das Schlimmste ist nicht, dass die Oberflächlichkeit und Überlastung unseres Alltags uns das Wesentliche und Ursprüngliche immer wieder vergessen lassen. Wirklich schlimm wäre es, wenn wir uns nicht mehr erinnern und zurückrufen lassen würden, wenn wir nicht bereit wären, erneut mit allem Einsatz und aller Offenheit zur Liebe zurückzukehren. Die »erste« Liebe dürfen wir nicht einfach verloren geben. Wir werden aufgefordert, zu ihr zurückzufinden – um die »zweite Liebe« zu entdecken.

Die wiederentdeckte »erste Liebe« ist nicht von geringerer Qualität als die – zeitlich gesehen – erste.

Die wiederentdeckte »erste Liebe« oder – wenn man will – die »*zweite* Liebe« ist nicht von geringerer Qualität als die – zeitlich gesehen – erste. Im Gegenteil, sie kann noch wertvoller und schöner und beständiger sein als die erste. Meine Frau Hannelore und ich sind jetzt über 25 Jahre verheiratet, und es kam in diesen Jahren 2- bis 3-mal vor, dass wir uns ganz neu ineinander verliebt haben. Man entdeckt etwas ganz Neues am Partner und verliebt sich wieder ganz frisch in ihn. Die Gedanken kreisen um diese Person, man ist ganz erfüllt vom anderen. Das ist etwas Wunderbares und vor allem kann die »zweite Liebe« tiefer und anhaltender sein als die erste. Sie ist bewährter und bewusster, sie ist noch gewisser und dankbarer.

Die erneute Entdeckung der Liebe ist eine wunderbare Sache, und dies gilt umso mehr in der Liebe zu unserem Herrn Jesus Christus. Wir können diese echte und ursprüngliche Liebe zu unserem Herrn immer wieder neu entdecken. Ich habe ein geistliches Tagebuch, in das ich nicht jeden Tag etwas hineinschreibe, aber so durchschnittlich 2- bis 3-mal im Monat. Gerade habe ich wieder einmal darin gelesen und stieß auf eine Stelle, in der eine solche Wiederentdeckung und Rückkehr zur Liebe festgehalten ist.

Wir können diese echte und ursprüngliche Liebe zu unserem Herrn immer wieder neu entdecken.

Am 26.11.2004 war ich in dem Fackelträger-Zentrum »His Hill« in Texas; da habe ich mich – wenn ich so sagen darf – gerade wieder neu »in Jesus verliebt«! Es war eine der ermutigendsten Zeiten seit Langem, als ich gerade »mit ihm spazieren ging«. Ich wollte am liebsten nur lachen und springen, nachdem Gott mir durch einen alten Mann in einem Buchladen, Larry Heppes, ein biblisches Wort der Ermutigung gegeben hatte, das mir unheimlich viel bedeuten sollte. Es war Psalm 40,18: *»As for me, I am poor and needy. But the Lord is thinking about me right now«* – *»Ich bin arm und elend, aber der Herr denkt an mich – in diesem Moment!«* Wow! Dieser Vers ermutigte mich genau zu dieser Zeit so sehr, dass ich mich direkt neu in Jesus »verliebte«.

Denn Gott ist Liebe. Liebe ist nicht nur eine von unzähligen Eigenschaften Gottes, die Liebe ist die Essenz seines Wesens. Gott stellt sich uns als die Liebe selbst vor. Das ist es, was Gott mit seinem ganzen Wesen ist. Darum kann und will Gott gar nicht anders, als uns – und jeden Einzelnen von uns persönlich – zu lieben. Weil Liebe das ist, was *er* ist. Es ist sein ganzes Wesen. Und in dieser menschenfreundlichen Liebe sucht Gott immer und ausnahmslos nur das Beste für uns. Es gibt keine einzige Ausnahme, wo Gott nicht das Beste für mich will. *»Ich bin arm und elend, aber der Herr denkt an mich – in diesem Moment!«*

Wenn wir diese Liebe immer wieder neu erkennen und annehmen, wenn wir Jesus kennenlernen und ihn so unwillkürlich lieben lernen, dann lernen wir auch, ihm zu vertrauen und zu glauben. Dann wollen wir immer wieder neu an ihn denken und ihn erkennen, zu ihm umkehren und von seiner Liebe neu ergriffen sein. Machen wir uns kein schlechtes Gewissen, wenn wir meinen, die »erste Liebe« verloren zu haben, sondern kehren wir um zu seiner unvergänglichen ewigen Liebe. Gewinnen wir unsere »zweite« oder »dritte« oder weitere Liebe zu ihm, denn er vergibt uns gern und fängt immer wieder neu mit uns an. Er liebt uns ja nicht, weil und wenn wir ihn lieben, sondern wir lieben ihn immer wieder neu, weil er uns zuerst geliebt hat und in Ewigkeit lieben will.

Wir lieben Gott immer wieder neu, weil er uns zuerst geliebt hat und in Ewigkeit lieben will.

Um es mit den Worten aus 1. Johannes 4,7-10 zu sagen: *»Die Liebe ist von Gott, und wer liebt, der ist von Gott geboren und kennt Gott. Wer nicht liebt, der kennt Gott nicht; denn Gott ist die Liebe. Darin ist erschienen die Liebe Gottes unter uns, dass Gott seinen eingeborenen Sohn gesandt hat in die Welt, damit wir durch ihn leben sollen. Darin besteht die Liebe: nicht dass wir Gott geliebt haben, sondern dass er uns geliebt hat und gesandt seinen Sohn zur Versöhnung für unsre Sünden«* (LUT).

So sehr liegen wir unserem himmlischen Vater und seinem Sohn, Jesus Christus, am Herzen, dass sie alles – sogar sich selbst – für uns gegeben haben. Sollte unser Herz da nicht vor allem anderen für *sie* schlagen!

Worte von Peter Wiegand zum Abschied von Hans Peter Royer bei der Beerdigung am 22. August 2013

Liebe Hannelore!
Liebe Kinder, liebe Verwandte!
Liebe Freunde von nah und fern,
vereint in Trauer und der Suche nach Trost!

Zuerst – allem letzten Abschiednehmen vorangestellt – ein Wort des Dankes.

Dank an unseren Herrn Jesus Christus für alles, was Hans Peter einem jeden von uns war! Dank für all das, was Gott uns durch ihn geschenkt hat, wie er einen jeden von uns in seinem Leben durch ihn reicher gemacht hat. Jeder von uns weiß, was er gerade tat, als die Nachricht von Hans Peters plötzlichem Heimgang ihn erreichte. Es war wie ein Peitschenhieb, der mitten ins Herz traf.

Jeder hatte seine ganz eigene Beziehung zu ihm und muss seitdem mit seiner Trauer fertigwerden – vor allen anderen seine geliebte Frau Hannelore und seine so sehr geliebten Kinder Lucas, Lisa und Eva-Maria. Wer Hans Peter kennenlernte, wurde auch mit ihnen bekannt, erfuhr mehr von ihnen, als ihnen vielleicht manchmal lieb war. Was wären seine lebendigen und bildhaften Predigten gewesen ohne sie!

Aber Hans Peter war noch viel mehr als nur Verwandter in einer großen Familie. Er war Nachbar und Freund. Er war Kamerad der Gipfel und der Grotten. Er war Gesprächspartner, liebte die Geselligkeit – und er liebte die Einsamkeit. Er war Chef und Kollege, er war verantwortlicher Leiter und bereit, sich anderen zu unterstellen. Hans Peter hatte Menschen gern, sah sie wie Gott sie sieht: als geliebte und einmalige Geschöpfe, wo auch immer er ihnen daheim und in aller Welt begegnete. Der Raum füllte sich, wenn Hans Peter ihn lässig, unaufdringlich – ein Lächeln im Gesicht – betrat. Hans Peter war echt, ungekünstelt, ehrlich, und das kam zurück, im kleinen Kreis wie im großen Saal, in der Zweierbegegnung wie in der größten Arena. Er liebte und wurde zurückgeliebt. Wir alle haben – jeder auf seine Weise – Gott zu danken für die Weggefährtenschaft mit ihm, für die Jahre, Tage oder auch nur Stunden des Beisammenseins und der Zusammenarbeit, wann und wo es uns auch immer geschenkt wurde.

Mehr als dies alles – aber von all diesem glaubwürdig getragen – war uns mit Hans Peter eine Stimme geschenkt, die Gott so nahebrachte, als würden wir den Pulsschlag von Gottes eigenem Herzen spüren. Hans Peter hatte eine überragende Intelligenz und Auffassungsgabe, den Mut zu eigenen Gedanken und eine unerschütterliche Glaubenstreue. Er war ein lebendiges Denkmal, in dem das Erbe der Ramsauer in ihrer Liebe zu Jesus Christus und zu seinem Wort uns noch einmal in dieser Generation vor Augen und Ohren gestellt wurde! Aber nicht nur in euer aller Namen – für die aus der Nähe und die aus der Ferne – möchte ich Gott für Hans Peter danken, sondern auch ganz persönlich für alles, was mir durch ihn geschenkt war. Er gewährte mir eine Art der Beziehung und Nähe, die sich nirgends sonst einreihen lässt. Ich wäre dankbar und zufrieden gewesen, hätte er mich einen väterlichen Freund genannt; er aber wählte den Titel »geistlicher Vater«.

Geistliche Väter kann man sich aussuchen, bei biologischen Vätern gibt es diese Freiheit nicht. Geistliche Väter sind keine »Meister«. Ein Schüler wird, wenn er ganz vollkommen ist, wie sein Meister. Väter aber dürfen stolz sein und sich von Herzen freuen, wenn ihre Söhne an ihnen vorbeiwachsen und in jeder Hinsicht größer werden als sie selbst. Auf Hans Peter war ich stolz. Das Werden und

Wachsen seiner Persönlichkeit, das Gedeihen seines Wirkens am Tauernhof und weltweit war wie ein heller Lichtschein.

Wir kannten beide die Einsamkeit letzter Verantwortung für andere Menschen. Wir konnten über Dinge des eigenen Herzens reden, über Zweifel, Enttäuschungen, Verzagtheit und Kleinglaube. Ein Ohr zu haben oder zu geben, in das wir auch den himmlischen Frust abladen konnten, war immer schon der halbe Weg zu neuem Mut. Vor allem aber verband uns eine gemeinsame große, erste Liebe – die Liebe zu unserem Herrn Jesus Christus – und der Wunsch, dass auch jeder andere unseren Herrn so lieben möge wie wir – oder noch viel mehr.

Söhne sollten ihre Väter begraben, nicht umgekehrt! Eher im Scherz als im Ernst sagte Hans Peter vor einigen Jahren bei einem trauten Beisammensein gemeinsam mit Hannelore und meiner Frau, dass ich bei seinem Begräbnis nicht nur dabei sein, sondern wenn schon dabei, dann auch ein Wort sagen sollte. Das eine Wort, in dem alle anderen zusammenfließen, die ich in seinem Namen sagen könnte, das sein Leben ausmachte, das sein Herz brennen ließ und aus seinem ganzen Wesen leuchtete, das seinen besonderen Charme ausmachte, die Inspiration war, die ihn zu einem gern gelesenen Autoren machte, das ihn die Schöpfung immer neu mit staunenden Kinderaugen sehen ließ, und das ihn in jedem Gesicht Gott erkennen half, dieses eine Wort heißt JESUS. Es ist ein Name, es ist der Name einer Person, die lebt.

Wie oft haben wir darüber geredet, wie nahe uns der Himmel wirklich ist; dass ewiges Leben hier beginnt und nichts und niemand es von uns nehmen kann! Jetzt hat Hans Peter erreicht, was er mit großer Gewissheit erwartete – Psalm 17,15: »*Ich werde schauen dein Antlitz in Gerechtigkeit, ich werde satt werden, wenn ich erwache, an deinem Bilde.*« Hans Peter ist nicht tot – er ist lebendiger, als er jemals war, geborgen in der Gegenwart seines Herrn Jesus Christus.

Ich danke dem Herrn Jesus Christus für das Geschenk der Jahre mit Hans Peter. Und ich danke ihm schon jetzt in Erwartung und Vorfreude auf das Wiedersehen bei ihm.

Plötzlich ist alles anders

Über Hannelore und Hans Peter Royer

Plötzlich ist alles anders. Am 17. August 2013 ändert sich das Leben von Hannelore Royer radikal. An dem Tag verunglückt ihr damals 51-jähriger Ehemann Hans Peter Royer mit seinem Gleitschirm. Er war ein leidenschaftlicher Evangelist, der auch bei den traditionellen Pfingst- und Missionskonferenzen in Deutschland vor Tausenden von Besuchern sprach. Der Tag seines Todes – ein Samstag – beginnt gewöhnlich. Die Sonne scheint, Hannelore Royer verabschiedet die Gäste ihrer Frühstückspension in Ramsau am Dachstein, putzt die Zimmer. Ihr Mann ist ab Mittag in den Bergen unterwegs. Hannelore Royer hat schon am frühen Nachmittag ein unerklärlich komisches Gefühl. Sie ruft ihren Ehemann mehrfach auf seinem Mobiltelefon an. Doch er hebt nicht ab, ruft auch nicht zurück. Ungewöhnlich für jemanden, der sonst immer reagiert.

Die Unruhe bei Hannelore Royer wird am späten Nachmittag größer. Ihr Mann erscheint nicht zum vereinbarten Treffpunkt. Sie spürt, dass etwas Furchtbares passiert sein muss. Aber sie sucht fieberhaft nach Erklärungen, um die aufkommenden schrecklichen Gedanken zu verscheuchen: Vielleicht hat er sich bei dem wunderschönen Wetter spontan für eine längere Bergtour entschieden, vielleicht hat er ja einfach nur sein Handy im Auto liegen lassen. Sie fährt zum Ausgangspunkt seiner Tour. Das Auto steht noch dort, das Handy ist unauffindbar. Sie bespricht sich mit Freunden, dann wird die Bergrettung informiert. Sonst war es immer Hans Peter Royer, der angerufen wurde – denn er war selbst als Bergretter tätig. An diesem Sonnabend macht sich ein Hubschrauber auf die Suche nach ihm.

Hannelore Royer wartet währenddessen zu Hause auf eine Nachricht. Sie ruft ihre drei Kinder an und bittet sie zu kommen. Gegen 19 Uhr hören sie im Haus leise und langsame Schritte. Drei Bergretter überbringen stumm die Nachricht. Sie weinen. »Nein«, sagt Hannelore Royer leise. »Ja«, sagen sie. Die Bergretter haben ihren Ehemann tot in einer Felsrinne gefunden. Obwohl viele Gleitschirmflieger oben gestartet sind, hat keiner etwas gehört oder gesehen. Niemand weiß, was wirklich passiert ist.

Für Hannelore Royer ist dieser Moment bis heute unwirklich. Das Gefühlschaos von damals lässt sich auch vier Jahre später nur schwer in Worte fassen, sagt sie. Es war eine Mischung aus Verdrängen, Hoffen und Nicht-Wahrhaben-Wollen: »Ich habe ihn von ganzem Herzen geliebt, wir waren eins – und plötzlich wurde er mir genommen.« Noch heute muss sie nach Worten suchen, wenn sie über die dunkelsten Stunden ihres Lebens spricht: »Es fühlte sich an wie eine Amputation. An dem Tag ist ein Teil meines Körpers mit ihm gestorben.« Es bleibt eine unheimliche Leere. Tief in ihr sitzt ein seelischer Schmerz. In den ersten Tagen nach seinem Tod will sie nicht mehr leben.

Aber die Geschichte von Hannelore Royer endet nicht mit der Todessehnsucht. Mit der Zeit breitet sich in ihr eine Ruhe aus. In Gedanken sagt sie zu ihrem verstorbenen Mann: »Ich gönne es dir, dass du schon jetzt bei unserem Herrn Jesus Christus bist. Wir sehen uns im Himmel.« Sie zweifelt nicht, dass es ihm gut geht: »Hans Peter hat immer gesagt: Christus ist mein Leben und Sterben ist mein Gewinn.« Gott macht keine Fehler. Jeder Christ dürfe aber selbstverständlich Gott die Frage stellen, warum er Leid zulasse, ermutigt Hannelore Royer andere Leidtragende. Das habe schließlich auch Jesus am Kreuz getan, als er ausrief: »Mein Gott, mein Gott, warum hast du mich verlassen?« Sie selbst habe sich statt des zurückschauenden »Warum?« aber vor allem die in die Zukunft blickende Frage nach dem »Wozu?« gestellt: »Wozu muss ich das erleben und aushalten, was soll ich dadurch lernen?«

Eine Antwort hat sie bis heute noch nicht. Aber sie ist auch nicht zornig oder wütend auf Gott, »denn Gott macht keine Fehler«. Sie bringt stattdessen ihre Fragen vor Gott und sie betet: »Herr, lass dieses schreckliche Unglück für andere Menschen zum Segen sein.« Sie wünscht sich, dass noch mehr Menschen durch seinen Tod zum Glauben kommen, als wenn er noch viele Jahre weitergelebt hätte. »Das mag zunächst hart und irritierend klingen«, sagt sie, »aber ich bin überzeugt, dass sein Sterben nach Gottes Willen nicht einfach nur sinnlos sein kann, sondern auch Positives bewirken mag.«

Hannelore Royer weiß, dass die sportlichen Aktivitäten ihres Mannes umstritten sind. Nach seinem Tod kamen im Internet kritische Stimmen auf, dass ein Christ sein Leben nicht leichtfertig durch seine Hobbys aufs Spiel setzen sollte. Hannelore Royer kann das nicht so vereinfachend sehen: »Ich persönlich glaube, dass Autofahren gefährlicher ist als das Gleitschirmfliegen.« Man müsse viele Flugstunden haben, werde sorgfältig ausgebildet, müsse strenge Prüfungen absolvieren. Und Hans Peter sei kein Risiko eingegangen. Wenn die Verhältnisse am Berg ungünstig waren, habe er seinen Schirm wieder runter ins Tal geschleppt. Sie selbst hatte ihm den Gleitschirmkurs 2007 zum Geburtstag geschenkt, weil sie wusste: »Sein Lieblingstier war ein Adler, und sein Wunsch war stets, genauso wie ein Adler in den Lüften zu segeln.«

An die Beerdigung kann sie sich noch gut erinnern. Mehr als 1000 Menschen nahmen damals Abschied von ihrem Ehemann. Darunter ist auch ein ihr damals unbekannter Jugendlicher, der sie am Grab anspricht. Er kann nicht verstehen, warum Hans Peter Royer verunglückte. Vor wenigen Monaten nun hat Hannelore Royer eine E-Mail von ihm erhalten. Der mittlerweile erwachsene junge Mann schreibt ihr darin, dass der Tod von Hans Peter dazu geführt hat, dass er sich verstärkt mit dem christlichen Glauben auseinandersetzte. Jetzt sei er Christ geworden. Er ist nicht der Einzige. Hannelore Royer erhält solche Briefe oft. Ihr Ehemann war bei Jugendlichen beliebt. Sein Ziel war es, wie er selbst sagte, ihnen »Jesus lieb« zu machen. Das passiert auch noch nach seinem Tod – bis heute. Viele schauen oder hören sich weiterhin seine Predigten im Internet an. Viele sind mehr denn je gefesselt und persönlich angesprochen, wenn sie seine so packend wie anschaulich geschriebenen Bücher lesen.

Hans Peter Royer hat immer wieder freudestrahlend vermittelt, wie sehr er es genoss, Christ zu sein, und wie stark Jesus sein Leben verändert hat. Er war echt, ehrlich und überzeugend. Das kam an – gerade auch bei jungen Menschen. Und es wird in Gesprächen mit den Menschen, die ihn kannten, auch jetzt noch deutlich, wenn sie bewegt berichten. Er konnte zuhören, in den richtigen Momenten schweigen oder die passenden Antworten finden – und er konnte mit den Menschen beten. Viele haben ihm ihr Herz ausgeschüttet und fühlten sich dank seiner authentischen Art ermutigt, erste Schritte als Christen zu wagen.

Seine prägnanten Aussagen sind bei seinen Zuhörern hängen geblieben, etwa: »Das herausragende Merkmal am Leben Jesu als Mensch auf dieser Welt war seine absolute Abhängigkeit von seinem Vater im Himmel. Das herausragende Merkmal eines Christen soll seine totale Abhängigkeit von Christus sein«, oder: »Wir haben keine Wahl, wie wir sterben und wann wir sterben, aber wir haben eine Wahl, wie wir leben.«

Auch Hannelore Royer musste sich entscheiden, wie sie weiterleben wollte. Vieles hat sich seit dem Tod ihres Mannes verändert. »Ich habe angefangen, fast ausschließlich in der Gegenwart zu leben – nicht in der Zukunft, nicht in der Vergangenheit.« Die Beziehung zu Jesus sei seitdem viel intensiver geworden, erzählt sie. »Ich habe die Nähe Gottes eigentlich noch nie so gespürt wie seit seinem Tod.« Sie verlässt sich auf Gott und ist im positiven Sinne, wie es ihr Mann auch so häufig gepredigt hat, von ihm abhängig.

Inzwischen sind ihre Kinder erwachsen geworden und haben selbst bereits geheiratet. Hannelore Royer – die Frau, Witwe, Mutter und Großmutter – ist im Vertrauen auf Gott und seine Führung den

Schritt in den neuen Lebensabschnitt gegangen und wird doch den 17. August 2013 nie vergessen, den Tag, an dem durch den Verlust von Hans Peter plötzlich alles in ihrem Leben anders wurde: »Wir werden uns wiedersehen.«

In Aufnahme eines Artikels von Daniela Städter in ideaSpektrum Nr. 46 vom 16. 11. 2016, mit freundlicher Genehmigung.

Bildnachweis

S. 1 oben und unten – ©: privat

S. 2 – ©: privat

S. 3 oben und unten – ©: privat

S. 4 oben und unten – ©: privat

S. 5 oben – ©: privat
S. 5 unten – ©: Herbert Raffalt

S. 6 oben und unten – © Herbert Raffalt

S. 7 oben – ©: privat
S. 7 unten – ©: Lothar Scherer

S. 8 – ©: Tom Foto Design

S. 9 oben – ©: Tom Foto Design
S. 9 unten – ©: privat

S. 10 oben und unten – ©: Lothar Scherer

S. 11 – ©: Lothar Scherer

S. 12 – ©: privat

S. 13 oben und unten – ©: Lothar Scherer

S. 14 oben – ©: Lothar Scherer
S. 14 unten – ©: privat

S. 15 oben und unten – ©: Lothar Scherer

S. 16 oben – ©: Lothar Scherer
S. 16 unten – ©: privat

Bücher und Medien von Hans Peter Royer

Hans Peter Royer

Du musst sterben, bevor du lebst, damit du lebst, bevor du stirbst!

Gebunden, 13,5 x 21,5 cm, 192 Seiten
Nr. 395.944, ISBN 978-3-7751-5944-9
Auch als E-Book e

Der beliebte Evangelist Hans Peter Royer stellte immer wieder fest: Viele Christen haben die zentrale Botschaft des Evangeliums für sich noch nicht durchdrungen. Was heißt es, als neuer Mensch in Christus zu leben? Royer gibt klare Antworten, lebensnah und tief geistlich.

Hans Peter Royer

Dunkler als Finsternis – heller als Licht

Gebunden, 13,5 x 21,5 cm, 144 Seiten
Nr. 395.803, ISBN 978-3-7751-5803-9
Auch als E-Book e

Hans Peter Royer zeigt: Selbst in den finstersten Ecken der Welt leuchtet Jesus Name heller als jedes Flutlicht. Begeistert erzählt er, wie Jesus auch unser Leben hell macht. Seine Faszination von der Einzigartigkeit und Schönheit Jesu strahlt dem Leser entgegen.

Bitte fragen Sie in Ihrer Buchhandlung nach diesen Büchern!
Oder schreiben Sie an: SCM Hänssler, D-71087 Holzgerlingen;
E-Mail: info@scm-haenssler.de; Internet: www.scm-haenssler.de

Hans Peter Royer

Nach dem Amen bete weiter

Im Alltag mit Jesus unterwegs

Gebunden, 13,5 x 21,5 cm, 144 Seiten
Nr. 395.802, ISBN 978-3-7751-5802-2
Auch als E-Book

»Paradies ist nichts anderes, als in inniger Beziehung mit Gott zu leben«, definiert Hans Peter Royer. Royer erzählt offen von eigenen Glaubensschritten. Das verbreitet eine Aufbruchsstimmung, sich nicht mit der Sehnsucht zufriedenzugeben, sondern dranzubleiben.

Hans Peter Royer, Hannelore Royer

Der Liebesbrief des Vaters

Leinen, 10,5 x 16,5 cm, 144 Seiten
Nr. 395.787, ISBN 978-3-7751-5787-2
Auch als E-Book

Gott hat Ihnen einen Liebesbrief geschrieben – die Bibel. Hannelore und Hans Peter Royer haben die schönsten Bibelverse ausgewählt und diese unter den verschiedenen Facetten der Liebe Gottes zusammengestellt. Ein inspirierendes Buch und wunderbares Geschenk.

Bitte fragen Sie in Ihrer Buchhandlung nach diesen Büchern!
Oder schreiben Sie an: SCM Hänssler, D-71087 Holzgerlingen;
E-Mail: info@scm-haenssler.de; Internet: www.scm-haenssler.de